撫慰受傷的心靈

體貼不傷人的
溫柔塔羅占卜

杏花栗子

前言

初次見面，我是杏花栗子。
非常感謝你買下這本書。

你已經對塔羅的世界有所了解了嗎？

我相信閱讀這一頁的
每個人都是不一樣的。

你手上的這本書是
——不恐怖的塔羅占卜書。

塔羅占卜在悠長的歷史中累積了各式規矩，
這些規矩包含著每一個人的故事與堅持。

所以有些人可能會覺得
我以「不恐怖」來概括而論，是很膚淺的想法。

但相反地，說不定有人會因此覺得有趣，
或是感受到塔羅牌的神奇之處，想知道它是什麼東西。

由此可知，每一個人的想法都不一樣。

塔羅牌也是同樣的道理，每個人的解讀方式都不一樣，
所以沒有絕對的對錯。

我由衷希望
這本書能夠幫助
正在迷惘、煩惱的你，
以及順手翻閱此頁的你。

當你重新找到塔羅占卜
對你的意義為何時，
答案就會隨之浮現。

請讓我盡一份綿薄之力協助你。

一起推開占卜之門，
進入溫柔的塔羅世界。

杏花栗子

Contents

Part 1　學習塔羅牌的牌義！

大阿爾克納　22張意義重大的塔羅牌 ⋯⋯⋯⋯⋯⋯ 20
牌卡解說的閱讀方式 ⋯⋯⋯⋯⋯⋯⋯⋯⋯⋯⋯⋯⋯⋯⋯⋯ 21

小阿爾克納　56張描繪日常生活的故事 ⋯⋯⋯⋯⋯⋯ 44
牌卡解說的閱讀方式 ⋯⋯⋯⋯⋯⋯⋯⋯⋯⋯⋯⋯⋯⋯⋯⋯ 45

權杖　事件「開始」的象徵 ⋯⋯⋯⋯⋯⋯⋯⋯⋯⋯⋯⋯ 46

聖杯　聖杯代表人心，水是愛與情感的象徵 ⋯⋯⋯⋯ 54

Part 2　享受塔羅牌占卜的樂趣

Part 3　實際案例解析

特別收錄 每天都是如此有趣又刺激！ 歡迎來到塔羅牌的世界！

特別收錄 杏花栗子 精選塔羅牌組

卷末

本書的使用方法

不論是初次接觸塔羅牌的新手，還是想進一步體驗占卜樂趣的中級學習者都能使用本書，書中內容包含：可自由體驗占卜的10種占卜法（牌陣）、牌義解讀方法及解牌示範。請找出適合自己的占卜方式，與塔羅牌慢慢培養感情。

POINT1

介紹塔羅牌的牌義及
作者的解牌方式

本書將說明22張大阿爾克納和56張小阿爾克納的牌義。如果在占卜時抽到正位或逆位牌，可以參考作者的解牌關鍵字。

POINT2

作者推薦的10種牌陣

介紹作者實際使用的10種牌陣，你可以每天輕鬆地占卜，也可以花時間面對你的煩惱。請找出適合自己的正向占卜方法吧。

POINT3

作者平時都如何占卜？
請看作者的解讀範例

作者會介紹實際的諮詢內容。面對各種問題時該使用哪種牌陣？該怎麼占卜？可以在占卜時參考看看作者的作法。

POINT4

作者關鍵字
讓人每天都想占卜

為了幫助你天天親近塔羅牌，生活過得更順利，本書附有好運關鍵字一覽表，可在抽牌後立刻對照。請參考作者的關鍵字，並嘗試創造你的專屬關鍵字！

除此之外，作者還整理了其他內容，包括簡單的建議、訪談、推薦的牌卡等，希望你能因此與塔羅牌加深感情。歡迎盡情享受！

開始占卜前

本書的讀者中，有些是初次接觸占卜的新手，有些則已有過占卜的經驗。

因此這裡會告訴初學者首先該做哪些事；有經驗的人則能學到後續的作法，請藉此機會閱讀看看。

塔羅牌的初學者

初學者剛開始應該會最先注意到「牌義」吧？塔羅牌共有78張牌，分為大阿爾克納和小阿爾克納。不過，要一次記住全部的牌義並不容易。

因此，請先從大阿爾克納中選幾張你喜歡的牌，並試著藉由這些來占卜。請採用單張牌陣（P86），建議選擇5張牌。記牌義固然重要，但直接抽牌能幫助你在占卜的過程中逐漸理解、掌握、感受牌卡的含義，反而更好玩喔！熟悉一開始選的幾張牌後，就可以繼續增加張數。

了解大阿爾克納的意義後，試著用小阿爾克納占卜吧！練習的方式跟大阿爾克納一樣，建議先從小阿爾克納中抽出幾張牌。

接觸塔羅牌的第一步就是不能心急，記牌義時要記得保持愉快，自由培養感情。

當有占卜經驗的人遇到瓶頸時，這也是很重要的觀念。覺得卡關的時候，請試著回想一下初學塔羅時的雀躍感吧。

想精進塔羅占卜能力的人

占卜師可能會在持續占卜一段時間後遇到瓶頸。

這時請先面對自己的情緒，好好想一想，讓你無法順利占卜的原因是什麼。說不定你會因此發現悶悶不樂的原因，或是覺察心中的煩惱。可以先放下塔羅牌，讓自己喘口氣。

占卜功力進步後，可能就會開始幫別人占卜。

有些讀者是不是本來就認識作者呢？作者會在占卜時不斷提醒自己，絕不能傷害提問者，應體貼對方的感受。

替他人占卜時，如果牌卡顯示的建議很嚴厲，請不要直接告訴對

方，而是以關懷的口吻詢問對方一些問題。舉例來說，你可以先告知牌面的內容，再詢問對方是否聯想到什麼事。這樣說不定能找到問題背後的真實心情，或是得知與牌卡相關的其他內容。請慢慢解開對方真正想知道的事，並以自己的方式表達。

至於該如何精進占卜能力，本書推薦的祕訣是創造自己的「專屬」解釋。大阿爾克納一覽表（Ｐ164～）的作者解釋下方有空白欄位。請先參考作者的解釋，再加上自己的解釋，自由打造你的塔羅世界吧！

※ 影片分享網站有時會因為網站等狀況，未預先告知就變更或移除影片；
　影片如為外文，恕無法提供翻譯。如有造成不便，還請見諒。

塔羅的基本用語

以下彙整了塔羅占卜中幾項必知的基本用語。
本書也很常出現這些詞語，請先瀏覽一遍。

阿爾克納

阿爾克納是拉丁文的「ARCANA」，有祕密的教誨、神祕的意思。塔羅牌分別有大阿爾克納和小阿爾克納。

大阿爾克納共有22張牌，包含0號（或無編號）的「愚者」牌，以及I～XXI號牌。進行簡易占卜時可單獨使用大阿爾克納牌。

小阿爾克納稱作Minor Arcana或Lesser Arcana，共56張牌。其用途在於補充大阿爾克納的內容，用於詳細的占卜分析。

解讀

透過每一張牌的含義和擺放的位置來解讀占卜的結果。
每一位占卜師的解釋方法和作法都不盡相同。
本書介紹的是作者的解牌方式。

牌組

牌組是指一整副塔羅牌。
基本的牌組共有78張牌，由22張大阿爾克納和56張小阿爾克納組成，但也有大阿爾克納的單獨牌組，有些牌組則會使用小阿爾克納以外的牌。

花色

花色是指小阿爾克納的種類。

共有權杖、聖杯、寶劍、錢幣等4種花色，每種花色各有14張牌。

畫有人物的牌稱作「宮廷牌」。宮廷牌有侍者、騎士、王后、國王等4位人物，其餘的1到10數字牌則代表不同的故事，1是開始，5是糾紛，10則是結束。只要記住這些內容就能提升讀牌的功力。花色1～10的故事請參見P17。

預言與神諭卡

在古希臘文中，Oracle表示神的預言、教誨或啟示。除了塔羅牌之外，還有一種牌卡叫做「神諭卡」。神諭卡大多有44張牌，其特色是沒有固定的張數，可按照作者的想法自由設定。此外，它不像塔羅牌有固定的形式，可以自由設計牌卡的圖案。

●杏花栗子沙龍
照片神諭卡

牌陣

牌卡的位置和排列方式稱為「牌陣」。

牌陣有幾十種類型，可根據不同的占卜者和占卜內容，使用不同的牌陣。牌卡的擺放位置都是有意義的，占卜時必須搭配牌義加以解釋。請找出適合自己的牌陣吧！本書會介紹10種作者的常用牌陣。

正位與逆位

正逆位是指牌卡的上下方向。

塔羅牌是一種獨特的工具，原則上牌卡的方向不同就表示意義是相反的。有些牌卡的正逆位沒有太大的差異，請閱讀牌卡的解說和一覽表並記下來。

正位

正位表示牌卡的方向正確，是能夠清楚閱讀牌卡文字的方向。一般來說，依照原本的牌義來解釋就可以了！有些類型的牌卡不看正逆位，因此請根據你使用的牌卡來決定解釋的方式。

逆位

逆位表示牌卡是倒立的方向，牌卡的文字上下顛倒。基本上會以正位的反義進行解釋。但有些占卜師會在占卜前先想好，決定不使用逆位牌。請留意自己的想法和直覺，根據占卜的內容或牌卡的類型來決定是否使用正逆位。

正面與背面

牌卡上有圖案、數字的那一面是正面，只有花紋的那一面則是背面。

通常背面的花紋是看不出上下方向的，不過也有例外，有些牌組不看逆位牌。洗牌、切牌、擺放牌陣時，牌卡的背面要朝上。

洗牌

洗牌是指將牌卡打散混合的動作。
不同占卜師的洗牌方式各有不同。
第84頁會介紹作者的洗牌方法。有些
人還會在底下墊桌布，請依直覺決定
洗牌的地點和情境。

切牌與牌堆

將牌卡分成數疊，排成一列並交換位置
的動作稱作切牌。通常會將牌分成2疊
或3疊。
第85頁會介紹切牌的方法。
此外，切牌後將數疊牌卡堆成　疊則稱
為牌堆。

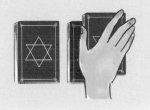

跳牌

有些牌會在洗牌的過程中飛出來。
這種飛出的牌稱為跳牌，有時會被當作特殊牌卡。
每一位占卜師對跳牌的處理方式都不同，建議在占卜時自行決定規則。不
抽跳牌也沒問題！

解讀牌卡的意義

注意塔羅牌的顏色

　　除了圖案本身的意義之外，塔羅牌還隱含著許多重要的提示。其中之一就是「顏色」，塔羅牌會使用大量的顏色。翻牌後，不僅要觀察牌卡的圖畫，還要留意哪個顏色讓你印象深刻。可能是背景的顏色，也可能是人物的服裝顏色。每一次占卜，吸引你的顏色都會不一樣。如果占卜時發現牌卡的意義很矛盾，或是出現奇怪的答案時，或許印象深刻的顏色就是解決方法的提示。請多加留意顏色，當作其中一個線索吧。

留意背景、服裝、周圍物品的顏色。

注意塔羅牌的小圖案

　　塔羅牌中畫有主要的圖案，以及動物、植物、風景或符號等元素。翻牌後，有些元素會像顏色那樣吸引你的目光。不同方向的牌卡所傳達的訊息都不一樣，請依照牌卡的正逆位原則進行解讀。仔細觀察就會發現，不同的牌卡中會出現同樣的物件，但這些物件的大小或形狀卻不一樣。比如說，雖然牌面上都有「花」的圖案，但種類、大小、方向、形狀都不盡相同。如果你在翻牌後很在意這些小訊息，那就要積極地分析牌卡的意義。

觀察人物手中的物品、背景中的小圖案！

牌卡偏重一方的情況

有時候，牌陣中的牌卡會出現偏重某一方的情況。
這是很重要的訊息，請仔細觀察。

大阿爾克納比較多	對提問者來說具有重大的意義。
小阿爾克納比較多	表示生活中的小事件，線索就隱藏在其中。
正位比較多	可能發生很直接簡單的事件，解釋也很好理解。
逆位比較多	為某件事感到不安或陷入煩惱時，往往會出現逆位牌。若是很在意的話，請繼續挖掘，試著看清事情的本質。

除此之外，還有其他的偏重情況，例如：同花色的牌、宮廷牌、小阿爾克納的數字牌特別多。這些都是牌卡的訊息，要認真留意喔。

小阿爾克納 數字的故事

小阿爾克納的每一種花色都有各自的故事。雖然每張牌的內容都不一樣，但數字所發生的事件都是一樣的，記住每個數字的含義就能擴大解讀的空間。詳細牌義請參見小阿爾克納的介紹頁。

數字	意義	詳細說明
一	起始	小阿爾克納的故事中一切的開始。
二	平衡	在1的動機中增加一種元素，為了找到平衡而搖擺不定。
三	變化	在不穩定的2中加入第3元素，情況發生變化。
四	穩定	從3的變化中冷靜下來，在意的事物逐漸穩定。
五	轉變	穩定的4發生變化，迎來巨大改變的時期。

數字	意義	詳細說明
六	和諧	暗示天地調和或善惡衝突，在兩者之間取得平衡。
七	內觀	6的和諧狀態瓦解了，內心的煩惱浮現。
八	移動	即將步入下一個階段，暗示全新的行動。
九	抵達	抵達階段性終點，暗示著未來的發展。
十	完成	一個故事的完成，結果揭曉的狀態。

宮廷牌與人物形象

在小阿爾克納中，有些牌稱為「宮廷牌」。Court就是宮廷的意思，每一種花色都有4位宮廷人物，分別是國王、王后、騎士、侍者。這些人物代表不同的年齡和四大元素。不同的宮廷牌和花色具有不同的四大元素含義，解牌時請多加留意。

宮廷牌與四大元素 ／ 人物與四大元素	權杖（火）	聖杯（水）	寶劍（風）	錢幣（土）
侍者 兒童／小女孩（土）	帶來好消息，意志堅定的人。逆位表示可能露出小孩般幼稚任性的一面。	想法很有趣，有藝術感。逆位表示不成熟，有點像愛撒嬌的小孩。	好奇心旺盛，深思熟慮。逆位則是過度謹慎而太晚行動的人。	按部就班，勤奮努力。逆位則表示只會不斷空想，太晚行動。
騎士 青年（風）	積極主動，好奇心旺盛，充滿熱情。逆位則是為了強烈的信念而自我犧牲。	溫柔體貼，維護周圍的和諧。逆位則需改善優柔寡斷的個性。	才華洋溢、判斷力佳的人。逆位則是企圖心過強，太過強勢。	有責任感，忍耐力很強的人。逆位表示過於被動，太我行我素。
王后 成年女性（水）	有行動力和企圖心，不拘小節。逆位則表示才華洋溢卻缺乏自信。	有奉獻精神，很重感情的人。逆位則是警戒心太強，無法敞開心房。	個性一板一眼，能清楚表達意見。逆位表示冰山美人，感覺難以接近。	想法保守務實的人。逆位表示有點自由奔放，無法保持冷靜。
國王 成年男性（火）	熱情自豪，有領導能力。逆位則是指想太遠、需保持冷靜的人。	溫柔穩重的人。逆位表示過度自我犧牲。	理性務實的人。逆位則是無法冷靜思考的人。	在行動、精神、現實之間找到平衡。逆位則是只注重外在特質的人。

學習塔羅牌的牌義

介紹作者的獨門方法，
說明塔羅牌隱含的訊息。

大阿爾克納 **22張意義重大的塔羅牌**

22張牌展示人的心靈成長與人生觀
提供大方向的指引和訊息

塔羅牌總共有78張牌,其中22張主要數字牌0～21號,稱為大阿爾克納。

大阿爾克納是塔羅占卜的基本牌,每一張牌都畫有多種象徵物,隱含許多的意義。牌卡始於0號「愚者」,終於21號「世界」,通常會解釋人的心靈成長或人生觀。

此外,大阿爾克納通常不是指具體的事物,而是表示抽象的大主題。每一張大阿爾克納牌都能為你的煩惱給予大方向的指引,提供相關訊息。

從第22頁開始,作者會以淺顯易懂的方式說明每一張牌的意義,並提供解釋範例。但那不是唯一的解讀方式,請重視自己的感受和想法,試著打開眼界。

羅馬數字的閱讀方法

關於大阿爾克納的羅馬數字閱讀方式,I=1、II=2、III=3,之後則以V=5、X=10為基準。V和X右邊有數字表示相加,左邊有數字則是相減。例如:VI是5+1=6,IV是5-1=4,IX是10-1=9,XVI是10+5+1=16。

V=5	X=10

IV→5-1=4
VI→5+1=6
IX→10-1=9
XVI→10+(5+1)=16

牌卡解說的閱讀方式

❶ 牌卡的圖畫

本書使用的是原創的插畫塔羅。共22張大阿爾克納牌，牌卡有羅馬數字的編號，以英文標示牌卡名稱。

❷ 牌卡的名稱與編號

0「愚者」～XXI「世界」，依序標示牌卡的名稱和編號。

❸ 牌卡的 KEY WORD

牌卡的核心關鍵詞。透過關鍵詞延伸自己的想像力。當你感到困惑時，請以關鍵詞為基礎，試著深入解讀基本牌義。

❹ 牌卡的基本意義

講解牌中的圖案及符號的意義。

THE FOOL

0 愚者

KEY WORD 自由與挑戰

女人的表情很沉穩，跟小狗一起走在懸崖上。她閉著雙眼，似乎並不擔心前方的路上會發生什麼事。在萊德偉特版的塔羅牌中，愚者也是不顧腳邊的懸崖，逕自前行，暗示著無法預測的未來，以及自由自在的無限潛能。

❺ 正位

無所畏懼，勇敢自由
走上喜歡的道路

你無所畏懼，很有自己的想法，能夠向前邁進。儘管沒有無限的潛能，有時可能隱藏著老手未發現的線索。好好發揮天生的個人特質就能增加成功的機會。

❻ 逆位

擔憂並不恐怖
面是必要的手段

可能因為內心憂慮不安而過度謹慎。警覺心和恐懼感也是很重要的情緒。請重視自己的心情，想一想讓你害怕或滿足不前的原因是什麼。請重新審視自己，即一定會發現其中蘊藏的線索。

🌸 杏花果子的解讀範例

戀愛
愉快的關係，對方的想法很樂觀，能幫助你減輕煩惱。

工作與學業
每人遠闊小型期前海，冒一前風現出分不得待。

🌸 杏花果子的解讀範例

戀愛
你們不是隨便玩玩的關係，對方會考慮兩人的未來。

工作與學業
可以參與活動 動白 (眾探土) 構圖清除吧。

22

❺ 正位的意義

介紹正位（圖畫的上下方向正確）牌的基本意義。

❻ 逆位的意義

介紹逆位（圖畫上下顛倒）牌的基本意義。

❼ 作者的解讀範例

作者會從每張牌中得到靈感後，為你示範如何解牌。本書提供「戀愛」、「工作與學業」兩種主題，歡迎參考作者的獨門解讀方式。

THE FOOL.
0 愚者

基本
KEY WORD 自由與挑戰

　　女人的表情很沉穩，跟小狗一起走在懸崖上。她閉著雙眼，似乎並不擔心前方的路上會發生什麼事。在萊德偉特版的塔羅牌中，愚者也是不顧腳邊的懸崖，逕自前行，暗示著無法預測的未來，以及自由自在的無限潛能。

正位	逆位

無所畏懼，勇敢自由
走上喜歡的道路

　　你無所畏懼，很有自己的想法，能夠向前邁進。想法很樂觀，擁有無限的潛能，有時可能隱藏著老手未發現的線索。好好發揮天生的個人特質就能增加成功的機會。

擔憂並不恐怖
而是必要的手段

　　可能因為內心焦慮不安而過度謹慎。警覺心和恐懼感也是很重要的情緒。請重視自己的心情，想一想讓你害怕或裹足不前的原因是什麼。請重新審視自己，你一定會發現其中隱藏的線索。

杏花栗子的解讀範例

戀愛

愉快的關係。對方的想法很樂觀，能幫助你減輕煩惱。

工作與學業

令人雀躍的全新發展。冒一點風險也沒關係。

杏花栗子的解讀範例

戀愛

你們不是隨便玩玩的關係，對方會考慮兩人的未來。

工作與學業

可以多表達一點自己的想法！慢慢適應吧。

THE MAGICIAN

THE MAGICIAN.

I 魔術師

基本
KEY WORD　創造與開始

　　男人將權杖、聖杯、寶劍、錢幣整齊地擺在桌上。他的表情從容冷靜，可以想像他是個能力優秀的人。四種花色是小阿爾克納的象徵，他打算拿來做什麼呢？請以周圍的事物為背景，嘗試自由創作。

正位

往前邁進吧
一切就在你的手中

　　信心十足，能在最佳狀態下開始行動。把你想挑戰的事、想重新開始的事，全都嘗試一遍吧。此外，正位也是指才華洋溢的人，迅速敏捷、充滿熱情、知識淵博、情感豐富、務實堅定，表示萬事具備的狀態。

杏花栗子的解讀範例

戀愛

遇見很好的對象或關係順利發展。進展快速，能嚐到新鮮感。

工作與學業

挑戰新的企畫或做事方法。事情一開始將會很順利。一定會成功。

逆位

失去信心是
自我反省的時機

　　缺乏自信、無法發揮本領時，很容易抽到這張逆位牌。別急著責備自己，先找出問題的原因吧。如果你的能力尚未成熟卻想表現自己，那就要做好準備，思考應對的方法。事前準備必定能預防問題的發生。

杏花栗子的解讀範例

戀愛

雙方可能都缺乏自信。試著好好看著彼此吧。

工作與學業

當你感到不安時，請重新整理資料或文件。這樣能預防問題的發生。

THE HIGH PRIESTESS

THE HIGH PRIESTESS.

II 女祭司

基本
KEY WORD 神祕與真實

女人站在兩根柱子中間，手裡捧著書，露出平靜的微笑。身後有兩個互相對照的月亮，象徵世界的二元性。她在攤開的書本前閉上雙眼，表示不論追求或遠離真相，那都是自己的選擇，展現高度的靈性和神祕性。此外，這張牌也表示人格的高潔。

正位

看清心中的答案
進入純淨深層的精神世界

直覺力提升，能以深入的觀點看透事物。心靈力量提升時會出現的徵兆。當你因為不了解真相而煩惱，或是陷入兩難時，放心不會有事的。你一定能找出最好的答案。

 杏花栗子的解讀範例

__戀愛__

能依循自己的步調談戀愛。遇見能讓你深刻學習的對象。

__工作與學業__

能夠專心完成事情。有機會累積經驗。

逆位

不知變通是反省的契機
保持冷靜是關鍵

當想法過於僵化，警覺心太強的時候，請試著檢視自己的言行舉止。你是個善解人意的人，心思比任何人都還要細膩。深呼吸一下，先好好照顧你溫暖的心吧。

 杏花栗子的解讀範例

__戀愛__

可能太緊張而不知變通。試著加深彼此的對話就對了。

__工作與學業__

深入學習事物的本質。吸收知識的速度會愈來愈快。

THE EMPRESS III

THE EMPRESS.

III 女皇

基本
KEY WORD　愛情與豐盛

　　獲得一切的女王不再追求更多，心滿意足地坐著眺望美景。她的視線前方是惹人憐愛的孩子，還是她最愛的人？她接納天地萬物，露出滿足的笑容。腳邊的金星符號散發著耀眼的光芒。

正位	逆位

**感恩接納一切的美好與豐盛
傾注超凡的愛**

　　你愛著他人，也被人愛著，處於心滿意足的狀態。你所追求的愛將以最好的形式呈現在眼前。為愛情所苦的日子已結束，你會展現出十足的魅力。現在請好好沉浸於幸福的時刻。

**你很有魅力
不需要擔心**

　　你再怎麼磨練自己都還是覺得很不安嗎？請好好珍惜個人特質，回想看看，自己真正想成為什麼樣子。稍微任性一下也沒關係喔。先試著少責怪自己一點。

杏花栗子的解讀範例

　　戀愛
命中註定的對象。可以談一場最棒的戀愛。

　　工作與學業
有貴人相助。身邊有人可以依靠時，你可以依靠！

杏花栗子的解讀範例

　　戀愛
如果沒自信，不敢主動靠近的話，別勉強自己，被動一點也沒關係。

　　工作與學業
注意說話的方式或小心預算超支。

IV
THE EMPEROR

THE EMPEROR.

IV 皇帝

基本
KEY WORD   力量與威嚴

　　所謂的力量，絕不只是武力和權力而已。皇帝手中的黃金寶石不僅體現出物品的價值，也表示皇帝與人民多年來建立的信任感，這正是他得到寶石的原因。這張牌表示威嚴、包容心、強大的心靈與行動力。國王是擁有一切、獨一無二的偉大存在。

正位

**經歷一切苦難的領導者，
肩負最沉重的責任**

　　擁有堅強的氣度，凡事會深思熟慮，包容心比任何人都強，是個值得尊敬的人。不只要領導他人，還要認真對待瑣碎的事，腳踏實地的想法能幫助你成功。

逆位

**如果有無法退讓的堅持，
請在鑽牛角尖前尋求協助**

　　正因為你比任何人都還認真面對，所以有時會無法跳脫想法。這種時候請跟值得信任的朋友商量看看吧。朋友了解你經歷過哪些事，一定能幫助到你。

杏花栗子的解讀範例

___戀愛___

感情關係很穩定，對方能夠引導你，是個可靠的人。

___工作與學業___

可能被提拔為領導者。請拿出自信，多多發言。

杏花栗子的解讀範例

___戀愛___

當對方固執己見時，你可以先放著不管，他會好好反省的。

___工作與學業___

感覺遇到瓶頸時更應該多休息。建議你伸展一下身體。

V

THE HIEROPHANT

V 教皇

基本
KEY WORD　誠實與紀律

　　教皇是有如恩師般的存在,他厭惡不公不義的事,也不喜歡違反規則。他的腳下有兩把鑰匙,十字架表示三位一體,體現出同心協力、自我學習的重要性。表示注重道德與法律規範、從現實觀點看事情的指導者,或是誠實的人。這張牌象徵絕對的信任。

正位

**絕不背叛他人,
堅守秩序與信念**

　　這張牌是指誠實可靠的人,或是毫無虛假的事情。請放心,絕對不會有人背叛你。表示穩定不變、注重規矩或社會規範的狀態。

逆位

**如果不想被規矩限制,
請在出錯前尋求協助**

　　當你有自己堅持的原則,無論如何都無法遵守約定時,請向值得信任的人坦承想法。你的感受並沒有錯,請一步一步慢慢來,試著去面對它。

 杏花栗子的解讀範例

　　戀愛

論及婚嫁的交往關係。談一場誠實的戀愛。

　　工作與學業

考取證照的最佳時機。適合學習的好時機。

 杏花栗子的解讀範例

　　戀愛

當你開始疑神疑鬼時,請先試著內觀自省。

　　工作與學業

記得重新檢視法規和規則。仔細確認很重要。

VI

THE LOVERS

THE LOVERS.

VI 戀人

基本
KEY WORD　　心動與靈感

　　在這對男女的眼中，這裡就像電影場景一樣吧？天使在後方祝福他們，彩繪玻璃散發出美麗的光輝。萊德偉特版的戀人牌中有象徵誘惑的蛇和禁果，但這張牌沒有這些元素。這表示他們沉浸於兩人世界，擁有能夠排除萬難的感情。

正位	逆位

正位

**任何人都無法踏入
屬於我們的空間**

　　兩人之間毫無隔閡，能夠共同跨越任何阻礙，處於熱情洋溢、享受愛情的狀態。同時也是琢磨創意想法的好時機。在這段時期，事情將朝著愉快的方向迅速發展。

逆位

**沒安全感就是喜歡的證據，
請勇於說出心中的想法**

　　如果你會擔心被別人討厭，認為自己的想法不對，因為沒自心而感到不安，這都是認真面對問題的證據喔。你一定沒問題的，先跟對方談一談吧。

杏花栗子的解讀範例

　　戀愛

最佳拍檔。有新鮮感的戀情，能夠彼此分享樂趣。

　　工作與學業

你將會靈感湧現，把想到的事都記下來吧。

杏花栗子的解讀範例

　　戀愛

覺得彼此有誤解時，更應該好好溝通。

　　工作與學業

感覺不安時請跟信任的人商量。

VII

THE CHARIOT

THE CHARIOT.

VII 戰車

基本
KEY WORD　氣勢與衝勁

　　青年看起來氣宇軒昂，正在出發上路。他為了隱藏身分而謹慎地戴著面具，從黃昏行動這點來看，感覺有些令人不安。一黑一白的戰馬象徵著欲望和理性之間的對照。

正位

迅速前進，
克服不安與恐懼

　　事情將大有進展。雖然無法得知未來的情況，但現在只要藉著這股氣勢勇敢向前，一切都會迎刃而解。關鍵在於快速做出判斷並付諸行動。請趁這次的機會勇往直前，挑戰看看吧。

逆位

小心別失控，
仔細觀察周遭的情況

　　當你發現身處不利的情況，無法相信他人時，別在意上下關係，而是要用心觀察對方的本質。說不定對方的想法其實跟你一樣。當雙方都能留意彼此，慢慢互相靠近，情況就會產生變化。

 杏花栗子的解讀範例

戀愛

感情將快速發展，或是對方會積極表現，也有可能閃婚。

工作與學業

快速晉升或突然接到大筆訂單。成績可能會進步。

 杏花栗子的解讀範例

戀愛

小心別失控，以免關係停滯。接近對方之前，請先深呼吸。

工作與學業

過度緊張會導致手忙腳亂，請先冷靜下來再採取行動。

VIII

STRENGTH

STRENGTH.

VIII 力量

基本
KEY WORD　心靈與內在力量

　　少女和獅子開心地擁抱彼此。在達到這個境界以前，他們肯定堅持忍耐了許多的事，這一定是由深切的愛、強大的心靈所引導的未來。「力量」不是指權力或地位，而是由純粹的愛情所衍生的事物，像雙人搭檔一樣互相扶持。

正位	逆位

愛無法強求，
有深刻的體驗才能領悟

　　即使是艱難的考驗，只要立定目標並努力實踐就一定會成功。剛開始先試著慢慢接觸吧。你只是還不知道方法而已，不需要害怕。

你並未任人擺佈，
別看上下關係，而是看左右關係

　　當你發現身處不利的情況，無法相信他人時，別在意上下關係，而是要用心觀察對方的本質。說不定對方的想法其實跟你一樣。當雙方都能留意彼此，慢慢互相靠近，情況就會產生變化。

 杏花栗子的解讀範例

___戀愛___
你會談一場成功的戀愛。主導權在你的手上。

___工作與學業___
再困難的案子都能藉由真誠的熱情來完成。

 杏花栗子的解讀範例

___戀愛___
兩人是對等的關係。要記得互相分享彼此想法。

___工作與學業___
如果做不好任務管理，那就別把行程排太滿。

IX

THE HERMIT

THE HERMIT.

IX 隱者

基本
KEY WORD　好奇心與真理

一個女人獨自待在黑暗中，正在凝視著某個地方。她的神情有點寂寞，但感覺又很冷靜。只有學者才知道燈籠裡的東西是什麼。為了好好面對自己，她選擇安靜度日。她會繼續鑽研下去，直到尋得答案為止。

正位

**持續尋找答案的研究者，
將在未來發現許多光亮**

如果現在打從心底想達成某個目標，那就別在意旁人的眼光，全心全意地投入吧。你要經歷一場自我戰鬥才能找到答案，未來將得到豐厚的成果，希望在前方等著你。

逆位

**當你想閉門不出的時候，
說不定機會就在門外**

不想見到任何人，只想待在自己的世界時，更應該逆向思考並嘗試尋找線索。說不定外頭有稀奇的蝴蝶正在翩翩飛舞，且天氣晴朗。沒事的，一步一步慢慢來，試著找出研究的相關線索吧！

 杏花栗子的解讀範例

戀愛

對方比較晚採取行動，是個可愛的人。個性誠實、專業知識高的人。

工作與學業

請把心思放在你擅長的專業領域。獲得豐盛的成果。

 杏花栗子的解讀範例

戀愛

當雙方都固執己見時，試著一起放鬆心情吧。

工作與學業

「報告、聯絡、討論」是很重要的觀念。要確認清楚，別忘記告知他人。

WHEEL of FORTUNE.

X 命運之輪

基本
KEY WORD　　機會與時機

女人抱著一個巨大的輪子。上面有表示「入口」的文字TORA，以及表示神明的Yahweh。輪迴的命運之輪是自然發展的時機，無法靠人力操控。在萊德偉特版塔羅中，牌面的四個角落畫有象徵四大元素的圖案。

正位	逆位
一旦抓住 就不會輕易放手	每一次的小堅持 都使你愈來愈強大

絕佳的時機即將到來。既然已不再猶豫，那就別瞻前顧後，請好好把握機會。這次輪到你獲得幸福了。此時此刻的瞬間就是幸福的時刻。

你是不是總覺得時機不對，心裡很焦慮不安？現在不需要勉強自己改變現狀。命運之輪表示兩人的時間已經交疊，終於開始有所進展。屬於你的時機必定到來。

 杏花栗子的解讀範例

戀愛
一場最棒的邂逅。你跟對方的相處時機很剛好。

工作與學業
勇於挑戰的時期。將接到大筆訂單。

 杏花栗子的解讀範例

戀愛
對方似乎正在調整行程。請先靜觀其變等待。

工作與學業
遵守時間並採取行動。記得遵守截止時間。

JUSTICE.

XI 正義

基本
KEY WORD　判決與公平性

　　女神一手高舉寶劍，一手拿著天秤。
從她的姿態看來，她有能力做出公平公
正的決定，態度堅定不移，擁有強大的
意志力。她之所以會面無表情，是為了
隱藏情緒並做出公正的判斷。女神不會
花太多時間思考，很快就會揮劍。

正位	逆位

答案已經很明確，
你將做出公正的判斷

　　你能夠對目前不公不義的情況做出正
確的判斷。請堅定地做出選擇，並珍惜
自己的想法。沒事的，你將不再為同一
件事迷惘。

想法有偏見時，
請參考第三方的建議

　　當你對事情有偏見、無法公平看待
時，請找旁觀者聊一聊，試著以客觀的
角度看事情。冷靜思考後一定會釐清答
案。如果情況快要失衡了，請內觀覺察
自己。

 杏花栗子的解讀範例

戀愛

陷入兩難的你，即將找到答案或是不
再迷惘。

工作與學業

你的判斷是對的。拿出自信，勇往直
前吧！

 杏花栗子的解讀範例

戀愛

當雙方都固執己見時，請暫時先放鬆
一下。

工作與學業

請仔細確認法律相關事項。如果不懂
的話，就找專家諮詢。

XII

THE HANGED MAN

THE HANGED MAN.

XII 吊人

基本
KEY WORD　修行與覺察

男人保持著很勉強的姿勢，明明身體無法移動，表情看起來卻很平靜。他欣然接受當下的情況，因此有能力覺察重要的事物。正因為有現在的考驗，未來才會充滿希望。

正位

**無論環境多麼辛苦，
現在都要靜待時機**

既然沒辦法輕易改變你身處的環境，那就在時機到來之前尋找線索。你一定能找到答案，終將脫離苦難。

逆位

**不知道該如何處理時，
你可以暫時遠離問題**

不管怎麼做都想不到解決方法時，請先跟問題保持一段距離。只要把目光放遠，看事情的角度就會隨之改變。你可以閉上眼睛，好好休息一下。

 杏花栗子的解讀範例

戀愛

不一定要主動出擊。你會自然而然地想到解決方法。

工作與學業

再撐一下下，即將出現轉機。儘量不要勉強自己，好好照顧身體。

 杏花栗子的解讀範例

戀愛

覺得痛苦的時候，請嘗試喘口氣或轉換心情。

工作與學業

你可能過勞了。請重新調整工作型態。

DEATH.

XIII 死神

基本
KEY WORD　重生與轉捩點

　　拿著鐮刀的男人看起來是不是很恐怖？不過，其實死神牌並不是負面的符號，而是表示一個狀態的結束與重生。這張牌也暗示著全新的發展、重要的轉折或隨之而來的變化。它是勇氣的象徵，使我們以全新的心情向前出發。

正位

**流不盡的淚，受不盡的傷，
如今的我更加強大**

　　不用強迫自己放下重要的事物，你可以帶著感情和回憶繼續走下去。只要放下真正不需要的事物就好。你已經很努力了，辛苦的日子已經結束。

逆位

**無法改變的時候，
更要保留屬於自己的時光**

　　因為無法改變而討厭自己，覺得束手無策時，不需要強迫自己改變，請先接受當下的心情，自由自在地生活吧。暗夜必將迎來黎明，請慢慢地療癒自己。

 ### 杏花栗子的解讀範例

戀愛

發展出全新的關係。渴望邂逅的人將會遇到好機會。

工作與學業

正在考慮轉職的人請開始採取行動。適合轉換領域。

 ### 杏花栗子的解讀範例

戀愛

如果雙方都有無法改變的地方，請循序漸進地互相表達想法。

工作與學業

無法採取行動時，請先進行初步調查。

TEMPERANCE.

節制

基本
KEY WORD 　平衡與和諧

　　畫中的女人是天使還是女神呢？她正在用兩個杯子把水混在一起，過程中保持適度的平衡，不浪費任何一滴水。水象徵人的情感，女人一腳踏在水中，一腳騰空，表示平衡的內在精神，以及實際經驗的重要性。

正位	逆位
心平氣和， 反覆實踐	**當平衡被打破時， 先暫時維持現狀**

　　身心狀況很穩定，內心不再擔憂焦慮。表示努力不懈後所得到的結果。如果想藉此機會挑戰自我，請先試著跨出第一步。

　　當身心狀態都無法保持平衡時，你不需要反抗。試著保持現狀，練習深呼吸，別去想那些讓你不高興的事情。請誠實面對自己的感受。建議多喝水。

 杏花栗子的解讀範例

　　戀愛
和諧的關係。彼此溝通討論可以讓關係更親密。

　　工作與學業
以中立的態度整理雙方的意見，成果會愈來愈好。

 杏花栗子的解讀範例

　　戀愛
說話時最好選擇適當的措辭，可以加深兩人之間的交流。

　　工作與學業
先調整身體狀況再處理工作，事情才會順利。

THE DEVIL.

XV 惡魔

基本
KEY WORD　欲望與俘虜

　　身上有鎖鏈的女人正在看著前方微笑。這張牌可能會讓人想起被難以言喻的魅力所誘惑的罪惡感，但誠實面對欲望絕對不是一件壞事。到底該解開枷鎖，還是繼續被束縛？應該保持適當的距離嗎？答案早已在你的心中。

正位	逆位

正視欲望的本質
就能看見心中的答案

　　無法壓抑欲望的原因是什麼呢？別不明究理地否定欲望，試著好好正視它，你就能知道自己真正渴求的東西是什麼。請深入挖掘原因直到滿意為止。

擺脫惡性循環，
神清氣爽

　　逆位表示你決心想戒掉某件事。比如長期睡眠不足、暴飲暴食都是不好的習慣，凡事應該適可而止。你將自然而然地停止這段毫無節制的時期。接下來只要適應下去就好，你沒問題的。

 杏花栗子的解讀範例

戀愛

可能做出性感的調情動作。快速進入濃烈的感情關係。

工作與學業

找出你真心熱愛的事，並且全心全意地投入。獲得豐厚的成果。

 杏花栗子的解讀範例

戀愛

不再過度依賴伴侶，能以自己的方式享受愛情。你可以放心地生活。

工作與學業

加班過度、熬夜苦讀的日子已結束。請注重身體健康。

THE TOWER.

XVI 高塔

基本
KEY WORD 衝擊與劇變

　　兩個身穿白衣的人從高塔上一躍而下。沒有人知道他們是兄妹、朋友還是情侶。兩人的關係發生重大變化，導致一直以來的各種原則觀念都毀了。直到高塔崩塌的那一刻，都沒人知道答案是什麼。

正位

崩潰並不可怕，而是迎接全新價值觀的機會

　　不久後將發生重大事件，你的價值觀和想法會180度大轉變。但你不用擔心，這樣的變化並不恐怖，也不是壞事，而是很重要的轉捩點。請為此做好心理準備。

逆位

變化的時刻即將到來，請做好事前準備

　　事情即將發生重大的變化，但還要再過一段時間才會發生，請先做好萬全準備。現在開始行動就能隨心所欲地改變未來。

 杏花栗子的解讀範例

戀愛

足以改變命運的衝擊性發展，或是發生這種邂逅的預兆。

工作與學業

突然轉職或人事異動的預兆。才華開花結果。

 杏花栗子的解讀範例

戀愛

對方可能突然接近或聯絡你，先在腦中進行想像訓練才能隨時應對。

工作與學業

為了降低失誤的機率，瑣碎的檢查也很重要。必須仔細確認。

THE STAR.

XVII 星星

基本 KEY WORD　希望與期許

在閃耀的湖泊中，美麗的繁星照耀著一名女性，她沉浸在自由自在的氣氛裡。她的身旁有七顆耀眼的星星，還有一顆特別大的星星，這些星星象徵著美好的靈魂，以及未來的希望。彩色的光暈表示願望極有可能實現。

正位	逆位
多年來的辛苦終於結束 希望近在眼前	**嚐過絕望的滋味後， 接下來必將否極泰來**
經過多年的辛苦奮鬥後，你即將達成願望。你付出的勞力、留下的淚水都不會白白浪費。你會盡情發揮才能，得到好的機會，新的可能性將隨之而來。終於可以滿懷希望地前進了。	在終於看見希望的時刻再次感到絕望，這時內心一定會非常痛苦難熬。但正因如此，之後必將迎來希望。現在不必勉強自己展望未來，想睡的時候就好好睡一覺吧。

 杏花栗子的解讀範例

戀愛

認識年紀小的對象。現在是與對方暢談未來的好時機。

工作與學業

嘗試挑戰新的事物吧。發展出意外的才能。

 杏花栗子的解讀範例

戀愛

覺得憂慮不安、束手無策的時候，更要傾聽彼此的想法。

工作與學業

就算失敗也不要氣餒。你一定會在錯誤中找到答案。

XVIII

THE MOON

THE MOON.

XVIII 月亮

基本
KEY WORD　潛意識與神祕性

夜空、巨大的月亮及海洋表示人的感受性和內心變化，它們通常很不穩定，瞬息萬變。海面上的女人彷彿置身於另一個世界的夾縫中。月光映照在海面上，只要直面內心的不安，必能迎接黎明的到來。

正位

**好好面對才能了解真相，
你將獲得全新的解答**

當你不斷地懷疑猜忌時，就表示事情的背後肯定有你渴求的答案。請別責怪自己，也別被傳言或祕密影響心情。正確的答案一定會在你眼前浮現。

逆位

**原本看不清的真相
都將逐一顯現**

迷霧即將散去，至今為止曖昧不明的狀況將明朗化。你會恢復理智，誤會將被解開，想法也會更簡單。一旦月亮消失，太陽就會露面。漫長的夜空即將變成晴朗的天空。

 杏花栗子的解讀範例

戀愛

無視那些不中聽的話！相信你想相信的事情就好。

工作與學業

建議造訪神社或能量景點。憂鬱的情緒將會平靜下來。

 杏花栗子的解讀範例

戀愛

你們會解開誤會，意識到自己想太多或太鑽牛角尖。

工作與學業

事實已經得到證明，你可以放心地工作了。

THE SUN.

XIX 太陽

基本
KEY WORD　成功與能量

在陽光普照的日子，少女在白馬的身邊開心地微笑。她抱著向日葵的模樣表示天真無邪、自由純粹的心靈。幸福或正向能量即將來臨，未來的道路有如陽光般燦爛。

正位	逆位

**幸福美滿，喜極而泣
我已經沒事了**

內心充滿幸福感和成就感，可以全心全意地生活。可能談一場成功的戀愛或實現願望。你將不再感到悲傷。下次哭泣的時候，就是喜極而泣的時候。

**身體太操勞，
需要好好休養**

你傾注了所有的精力，因為衝太快而耗盡能量。你應該把身體健康擺在第一位，先休息一段時間吧。充分休息才能發揮實力，這是很重要的功課喔。

 杏花栗子的解讀範例

戀愛

可能兩情相悅或步入婚姻，也有可能遇見真心喜歡的對象。

工作與學業

計畫即將圓滿成功。盡情展現自己就對了。

 杏花栗子的解讀範例

戀愛

你可能以為自己被討厭了。記得在休息時聊聊天。

工作與學業

如果一直失誤，那就休息幾分鐘吧。小心別中暑。

JUDGEMENT.

XX 審判

基本 KEY WORD　復活與重新出發

天使用喇叭喚醒人們，在空中為新的願望祈福。在最後的審判中，奏響的喇叭是用來提醒沉睡之人的道具，也是復活與重生的象徵。這張牌表示終於擺脫自身的束縛或大逆轉的時刻，是重獲新生的前兆。

正位

**從絕望的深淵中
重新振作**

在多次放棄、不斷受挫後，情況即將迎來重大的發展。原本難以實現的願望將透出一絲曙光，暗示感情復合，或是重新挑戰過去失敗的夢想。重振旗鼓的時刻將再次到來。

逆位

**其實不想放棄，
深刻思考至今為止的記憶**

你不斷地遭遇苦難，覺得已經走不下去了。做出決定之前，先重新問看看自己的內心想法，你絕對沒問題的。要誠實面對自己的心情喔。

杏花栗子的解讀範例

戀愛

有機會復合。可能跟已疏遠的對象再次聯絡。

工作與學業

在過去放棄的領域中發現機會。立定遠大的目標，勇往直前！

杏花栗子的解讀範例

戀愛

當你無法做決定時，請內觀覺察自己。慢慢來沒關係。

工作與學業

釐清你不擅長的事，重新審視情況。你一定會想到辦法的。

XXI

THE WORLD

THE WORLD.

XXI 世界

基本
KEY WORD　　完成與整合

世界是78張塔羅牌中意義最重大的一張牌。在萊德偉特版的牌面中，四個角落畫有四大元素的象徵物。這張牌表示萬事具備的狀態，雖然一篇故事完結了，但全新的道路將會持續開展。請在前往下一個世界之前，給現在的自己一個深深的擁抱，大力稱讚自己吧。

正位	逆位
走向美好的結局， 迎接全新的故事	**只差一步之遙， 靠一種方法改變世界**
你的世界終於完成了。你可能曾覺得如夢似幻的現實令人感到飄飄然，而這一切都是因為你的努力才得以實現。請盡情享受喜悅的時刻，開始想想下一個世界的事吧。	完成事情的過程是非常辛苦的，路途是不是很遙遠呢？只差一點點就要抵達終點了。請摸索不同的觀點或做法並繼續嘗試。真的只差一步之遙而已，你沒問題的。

杏花栗子的解讀範例

戀愛

理想的感情關係。你們會為未來設定新的計畫。

工作與學業

專案成功。合格或勝利。獲得成就之後，還會有下一個案子！

杏花栗子的解讀範例

戀愛

當彼此有誤解時，請好好溝通。必定開花結果。

工作與學業

必須做好最後的確認。全心投入就會帶來最好的結果。

小阿爾克納　56張描繪日常生活的故事

表示具體事件的56張牌
可以得到更深入的建議

塔羅牌整組共有78張，除了22張大阿爾克納之外，還有56張小阿爾克納。

小阿爾克納有4種花色，分別是權杖、聖杯、寶劍、錢幣，每一種花色有14張牌，包含1到10號的數字牌，以及4張畫有人物的宮廷牌。

每一張數字牌的象徵物數量都跟牌卡的數字一樣。舉例來說，「權杖二」有2根木棒，「寶劍九」則有9把劍。

每種花色的宮廷牌都畫有侍者、騎士、王后、國王等4個不同人物。

相較於大阿爾克納，小阿爾克納會描述更貼近生活的具體事件。請記住每一張牌的含義，透過牌卡解讀出更深入的建議。

各類花色所對應的四大元素

小阿爾克納的不同花色（符號）分別對應著西方的火、水、風、土等四大元素。權杖是火元素，表示熱情；聖杯是水元素，表示情感；寶劍是風元素，表示思考；錢幣是土元素，表示物質。事先記住4種花色各自的共同印象，將有助於解讀牌義。

牌卡解說的閱讀方式

① **牌卡的名稱**
　　與編號

權杖、聖杯、寶劍、錢
幣的數字牌（1～10）
及宮廷牌（侍者、騎
士、王后、國王）名稱
和編號。

② **牌卡的**
　　KEY WORD

牌卡的核心關鍵詞。透
過關鍵詞延伸自己的
想像力。當你感到困惑
時，請回顧關鍵詞，嘗
試深入解讀牌義。

③ **牌卡的圖畫**

本書使用的是原創插畫
塔羅牌。小阿爾克納
1～10中畫的花色數量
就是指牌卡的數字。侍
者、騎士、王后、國王
等宮廷牌，則是畫著對
應的人物。

④ **牌卡的基本意義**

講解牌中的圖案及符號
的意義。

⑤ **正位的意義**

介紹正位（圖畫上下方
向正確）牌的基本意義。

⑥ **逆位的意義**

介紹逆位（圖畫上下顛
倒）牌的基本意義。

⑦ **作者的解讀範例**

作者會從每張牌中得到
靈感，並為你示範如
何解牌。本書提供「戀
愛」、「工作與學業」兩
種主題，歡迎參考作者
的獨門解讀方式。

權杖
WANDS

事件 「開始」 的象徵

　　權杖是木棒或手杖，表示人類擁有的第一個工具。權杖可以用來生火、炊煮食物，也能當作建材，可說是一種延續生命活力的工具。權杖牌具備生存的意志與熱情，展現出競爭心、創造力等本能欲望。

權杖的故事

侍者
正在修行的傳訊人站在平原上凝視著權杖。

騎士
騎士手持權杖，身手敏捷地騎馬奔馳。

王后
高貴的王后坐在寶座上，前面有一隻黑貓。她能掌握人心。

國王
國王坐在寶座上，手裡拿著發芽的權杖，熱切地展望未來。

一
握緊權杖，意志堅強。

二
胸懷野心，正在規劃一場旅行。

三
眺望大海，嚮往廣大的世界。

四
揮灑花朵，象徵兩人的幸福。

五
有很強的競爭心，相當好戰。

六
騎馬握著勝利權杖，獲得榮耀。

七
奮起並在有利情況下戰鬥。

八
8根如箭矢般的權杖快速前進。

九
即使身負重傷也不屈不撓。

十
獨自扛起10根權杖。

ACE OF WANDS.
權杖一

基本
KEY WORD　**熱情的開始**

青年的表情看起來很冷靜。他緊握權杖，凝視前方。畫面中隱含著堅定不移的熱情。隨著新芽的生長，新的故事就此展開。

ACE of WANDS

正位
充滿熱情地踏出第一步

內心深處湧現一股雀躍感，朝著目標前進。意志更堅定，變得更有行動力。請順勢而為，把握每一次的機會。

🐿 **杏花栗子的解讀範例**

戀愛
有機會收到熱情的追求。
工作與學業
請誠實地面對挑戰。

逆位
嘗試改善情況

因為用力過猛而白費力氣，處於無法看清周遭情況的時期。提不起勁並不是一件壞事。先練習深呼吸，內觀覺察自己，情況一定會改善。

🐿 **杏花栗子的解讀範例**

戀愛
事前計劃，以免關係空轉。
工作與學業
小心錯字或漏字。

TWO OF WANDS.
權杖二

基本
KEY WORD　**展望未來**

牌面上的人身穿紅衣，手拿地球儀和權杖，背上披著隨風飄揚、象徵驕傲的紅布，展現出勇敢追夢和展望未來的企圖心。他將如何遠渡大海呢？未來真是令人期待。

TWO of WANDS

正位
計畫開始

心中浮現新的計畫，以更寬闊的視野付諸行動。有望參與全球視野的活動，懷抱的夢想愈大，成功的機會就愈大。

🐿 **杏花栗子的解讀範例**

戀愛
收到旅行邀約，或在國外發生豔遇。
工作與學業
透過世界激發靈感，發想新點子。

逆位
覺察內心的不安

太遠大的計畫容易引起旁人的注意，你是否因此感到很沮喪呢？你的夢想一點都不魯莽，不需要覺得丟臉。拿出自信來，大方說出自己的夢想吧。

🐿 **杏花栗子的解讀範例**

戀愛
把目光放遠，放鬆一下。
工作與學業
請重新調整方向。

THREE OF WANDS.
權杖三

基本
KEY WORD　新的目標

從人物寬大的後背可以感受到，嚐過成功滋味的人才有的威嚴。水面上五彩繽紛的稀有色彩是未知的象徵。在完成遠大的目標後，他正考慮去全新的世界冒險。

THREE of WANDS

正位
實現目標後的沉思時刻

你將在達成目標後，開始思考未來的方向。如果你正在迷惘，建議回顧過去的自己並從中找尋線索。你能用不同於以往的觀點來制定全新的計畫。

> **杏花栗子的解讀範例**
> 戀愛
> 尋找更有新鮮感的約會地點。
> 工作與學業
> 建議執行全新的專案計畫。

逆位
先拓展視野

再堅持一下事情就會告一段落。如果因太疲勞而沒有餘裕留意周遭情況，請試著改變你的想法和處事方式。只要打開眼界就會發現改善的方法。

> **杏花栗子的解讀範例**
> 戀愛
> 制定計畫時，溝通交流很重要。
> 工作與學業
> 說話時要好好組織語言。

FOUR OF WANDS.
權杖四

基本
KEY WORD　安穩的地方

兩人一臉幸福地祝福他人。女人穿著藍色的服飾，男人則綁著紅色腰帶，呈現「安穩」與「熱情」的對比，表示在休息時間同時享受兩者的美好。農作物豐饒的景象則代表令人放心的環境。

FOUR of WANDS

正位
休息能帶來內在平靜

你會度過一段心氣平和的時光。現在請好好休息，不必為此產生罪惡感，讓心靈充分靜養吧。只要停下來喘口氣，就能看見新的目標或夢想。

> **杏花栗子的解讀範例**
> 戀愛
> 可能立定婚約。來場平靜的約會。
> 工作與學業
> 休假日應該好好充電。

逆位
不敢行動時更要找出原因

為什麼你會動彈不得，感到焦慮不安呢？請別勉強自己，重新觀察情況吧。別強迫自己採取行動，請好好休息並自我覺察，內心就會慢慢平靜下來。

> **杏花栗子的解讀範例**
> 戀愛
> 不安時別獨自承受，找人討論吧。
> 工作與學業
> 覺得情況停滯不前時，請重新規劃。

FIVE OF WANDS.
權杖五

基本
KEY WORD　良性競爭

5名青年拿著權杖，似乎正在為了某件事爭執，他們的髮型、服裝、動作都不一樣。他們尊重自己的想法，凡事正面迎擊，因此能夠獲得重要的事物。

FIVE of WANDS

正位	逆位
互相砥礪的競爭關係	**避免不必要的爭執**
暗示每個人都堅持信念並互相競爭，但這絕不是惡意的行為，而是一種運動家精神。請把握難得的機會，務必學習他人的優點。	如果你覺得這場爭論很浪費時間，那就不要勉強自己配合。請珍惜自己的時間，優先處理重要的事吧。

 杏花栗子的解讀範例

戀愛
活出自己。有機會成功。
工作與學業
討論很重要。

 杏花栗子的解讀範例

戀愛
你可以離開競爭激烈的環境。
工作與學業
自暴自棄前，請自省並與他人討論。

SIX OF WANDS.
權杖六

基本
KEY WORD　勝利

人物身穿紅袍並騎著白馬。他得到了月桂冠，這表示他是勝利者，也是一名成功人士。從他率領部下這一點來看，他心裡很清楚，沒有他人的協助就不會有今天的勝利。

SIX of WANDS

正位	逆位
獲得成功和榮譽	**害怕遭遇挫折**
你終於在一番激戰後獲勝，並得到他人的讚賞和祝福。這張牌表示專案非常成功、感情順利或打贏官司。跟信任的夥伴一起合作會更容易成功喔！	當你因為害怕失敗而不敢行動時，請向朋友尋求協助。你不需要獨自承受一切，向值得信任的人發出求救信號吧。

 杏花栗子的解讀範例

戀愛
可能告白成功或舉行婚禮！
工作與學業
合格錄取。受人提拔，參與大案件。

杏花栗子的解讀範例

戀愛
詢問身邊人的建議。
工作與學業
如果你快要崩潰了，請找人聊一聊。

SEVEN OF WANDS.

權杖七

基本 KEY WORD　奮鬥

人物站在岩石上，並在佔有優勢的情況下戰鬥。他正在努力對抗前方的許多權杖，看起來毫無破綻。這張牌的意義是不要掉以輕心，以及在有利的情況下更要注意心中的不安。

SEVEN of WANDS

正位	逆位
即使不安也要勇敢面對	**不必永遠保持堅強**

人一旦嚐過成功的滋味，往往會開始擔心地位不保，懼怕那些看不見的敵人。跟自己戰鬥很辛苦對吧？你只要珍惜信念並盡力處理就不會有問題。

當你對戰鬥感到厭倦疲乏時，請稍微遠離戰場，放鬆一下吧。你有才華和實力，也累積了豐富的經驗，休息一下也完全沒問題。

杏花栗子的解讀範例
戀愛
別在意情敵，他不能跟你相提並論。
工作與學業
建議進行平等的交流。

杏花栗子的解讀範例
戀愛
情況不利時更應該互相溝通。
工作與學業
如果覺得很累的話，請趕緊休息。

EIGHT OF WANDS.

權杖八

基本 KEY WORD　快速發展

牌面上畫著8根權杖，但卻看不見權杖的主人。表示無法靠人力完成的道理，事情將會快速變動。做好事前準備才能臨機應變並採取行動。

EIGHT of WANDS

正位	逆位
事情朝好的方向迅速發展	**在水面下緩步前進**

事情會以出乎預料的速度和時機點迅速進展，好事即將來臨。任何人都無法控制現在的情況，你只要順勢而為就對了！趁現在盡力做好準備吧。

由於事情的表面毫無動靜，所以很難感到實質的進展，但其實它正在看不見的地方持續向前。請做好事前準備，隨時迎接「時機」的到來。

杏花栗子的解讀範例
戀愛
可能閃婚、告白或遇到好對象！
工作與學業
升職或晉升的速度比想像中還快。

杏花栗子的解讀範例
戀愛
雖然進展速度慢，但的確在前進。
工作與學業
緩慢行事時，是重新審視的好機會。

NINE OF WANDS.

權杖九

基本
KEY WORD　警惕

人物已遍體鱗傷，拚盡全力。從他頭上包的繃帶可以看出他的決心。這張牌表示做好完全準備，並調查對手的出擊方式。

NINE of WANDS

正位
做足準備，靜觀其變

如果你已盡力而為，那就只能靜待結果了。你可以在力所能及的範圍內收集情報，並採取防守的態度，等待時機的到來。目前已做好毫無破綻的萬全準備。

> **杏花栗子的解讀範例**
> 戀愛
> 你可以等對方發動攻勢。
> 工作與學業
> 請耐心等待，結果必定到來。

逆位
內心的不安是新的課題

當你沒有時間進行確認，心裡躁動不安，擔心有任何疏漏時，請試著轉換心情或找人聊一聊。提醒自己不要重蹈覆徹，就能重新審視情況並客觀看待。

> **杏花栗子的解讀範例**
> 戀愛
> 請小心避免準備不足。
> 工作與學業
> 如果擔心準備不足，請找人商量。

TEN OF WANDS.

權杖十

基本
KEY WORD　重擔

人物抱著很多權杖的模樣看起來很悲傷。他所承擔的事物不只是沉重的棍棒，更是自己的內在精神。這張牌表示努力克服困境，面對課題的狀態。

TEN of WANDS

正位
決定背負責任的堅強意志

一旦決定擁抱這份沉重的包袱，就要相信自己的力量並勇往直前。你的持續努力將帶來豐厚的成果，但不要獨自承受太多壓力。

> **杏花栗子的解讀範例**
> 戀愛
> 在彼此都很忙碌時互相扶持。
> 工作與學業
> 正面的壓力將成為未來的養分。

逆位
依賴不是逃避，而是上策

你不需要因求助於人產生罪惡感。遇到不合理的情況時，應該找人幫忙解決問題。請先找信任的人討論看看。這張牌也表示照顧身體的好時機。

> **杏花栗子的解讀範例**
> 戀愛
> 抱怨一下也沒關係。
> 工作與學業
> 找人談談減輕負擔、加班次數。

PAGE OF WANDS.

權杖侍者

基本 KEY WORD　熱情的傳訊人

沙漠中的少年懷著單純的心情眺望遠方的景色，擁有冒險精神的他正在旅行中。他還在學習成為一名傳訊人，並且朝著未知的世界前進。

PAGE of WANDS

正位

積極表達，持續前進

即使是不熟悉的事物，只要用心學習必會獲益良多。如果你有想傳達的想法，請務必珍惜這份心情。正位也有可能表示新消息的到來。

 杏花栗子的解讀範例

戀愛
與年紀小的對象發展戀情。

工作與學業
有機會從事出版或報導相關工作！

逆位

調整資訊的接收量

當你因為接收過多的資訊而無法集中精神時，請避免超出負荷，放鬆心情並慢慢地調適狀態。此外，建議你學習更多知識。

 杏花栗子的解讀範例

戀愛
可能變得有點孩子氣或很想撒嬌。

工作與學業
請再次檢查任務內容。

KNIGHT OF WANDS.

權杖騎士

基本 KEY WORD　行動力

年輕的騎士策馬奔馳，動作十分靈活。他具備相當的膽量和氣魄。這張牌是4種花色中最強而有力的騎士，特徵是企圖心旺盛。

KNIGHT of WANDS

正位

乘勢而上，勇於挑戰

表示無所畏懼，舉止光明磊落，逐一達成目標，勢如破竹的狀態。冒一點險也沒關係，你有能力跨越困難。現在是放大夢想並傾注全力的時刻。

杏花栗子的解讀範例

戀愛
烈烈追求。熱情如火的戀情！

工作與學業
積極行動將通往好的發展。

逆位

珍惜自己，持續向前

雖然維持氣勢並積極前進可以展現出色的意志力，但如果不顧生命安危，身體會撐不下去的。請先制定計畫再出發。

杏花栗子的解讀範例

戀愛
你不需要犧牲自己。

工作與學業
請用心擬定計畫。

QUEEN OF WANDS.
權杖王后
基本
KEY WORD ｜ 華麗的吸引力

王后的身邊圍繞著許多的向日葵，表示如太陽般開朗的個性，黑貓則是指女性的魅力。這張牌代表聰明可靠、富有包容心的人。

QUEEN of WANDS

 正位

展現魅力的時刻

你有機會展現出內在潛藏的魅力。你將自然而然地受到旁人的歡迎。別勉強自己達到理想的形象。請活出自己，放鬆心情。

 逆位

先輕輕地擁抱自己

當你失去信心、看不見希望時，千萬別灰心。請先擁抱一下至今不斷努力的自己。你將在當陽光出現時再次看見光明，一切都會好轉。

杏花栗子的解讀範例
戀愛？
人緣變好，桃花期來臨。
工作與學業
得到年長女性的幫助，並且取得成功。

杏花栗子的解讀範例
戀愛
請慢慢行動，直到找回自信。
工作與學業
請在遇到困難時改當一個傾聽者。

KING OF WANDS.
權杖國王
基本
KEY WORD ｜ 崇高

年輕的國王坐著眺望遠方，看起來意氣風發。發芽的權杖表示有朝一日會開花結果。但即便達到了目前的地位，你也不會停下腳步，打算持續追求卓越。這張牌代表國王的力量與驕傲。

KING of WANDS

 正位

理想崇高，追求卓越

完成豐功偉業，持續創造新事物，有能力實現良性的循環。請以各式各樣的點子為靈感，追求心中的理想吧。

 逆位

暫時冷靜，重新出發

當情況不如意，心情因憤怒或挫折而大受影響時，先暫時冷靜一下，跟情緒保持距離，並重新調整說話方式。你沒問題的，慢慢地深呼吸幾次吧。

杏花栗子的解讀範例
戀愛
遇見夢寐以求的對象，感情順利發展。
工作與學業
適合從事自營業或擔任負責人。

杏花栗子的解讀範例
戀愛
吵架時要注意用字遣詞。
工作與學業
領袖更要懂得向旁人求助。

聖杯
CUPS

聖杯代表人心，水是愛與情感的象徵

在諸如婚禮等人生大事、祭神儀式，或是表現喜悅或悲傷情緒的場合中，都會使用到聖杯。聖杯代表情緒、柔情、情愛，是展現人類情感的一種花色。聖杯是人心的象徵，杯中的水則是抽象流動的愛與感情。接下來，請試著解讀各種不同的情感吧。

聖杯的故事

侍者

侍者站在大海的前方，對著杯中的魚微笑，十分享受生活。

騎士

威風凜凜的青年騎著白馬，右手握住聖杯，朝夢想和理想出發。

王后

在四面環海的寶座上，王后坐著凝視手中的聖杯，她總是平等待人。

國王

國王坐在浮於海面的寶座上，雙手各拿一個大聖杯。

一

水從聖杯中不停流出。

二

兩人彼此遞出聖杯，理解之心油然而生。

三

三人互相分享喜悅之情。

四

人物對眼前的聖杯毫無察覺。

五

人物看著傾倒的聖杯，陷入悲傷的情緒。

六

天真無邪的孩子很喜歡裝滿花朵的聖杯。

七

許多誘人的聖杯讓人心醉神迷。

八

人物在明月的照耀下離開了成堆的聖杯。

九

男人在9個聖杯前，滿臉自豪地坐著。

十

10個聖杯排成彩虹的形狀，象徵喜悅之情。

這張牌代表聖杯本身的意義，其源自於愛情、感受性及被動性。牌面上畫著滿溢而出的水、飛入聖杯的鴿子以及看著聖杯的男人，象徵超越一切的偉大愛情。

ACE of CUPS

正位	逆位
傾注全力的愛情	不要受人影響，請坦承心情
愛有很多種形式，你會發展出最理想的感情關係，彼此都願意付出愛情並滿足對方的需求。你們完全不會計較，男女關係十分和諧。	如果你的情緒被旁人意見或當下氣氛影響，請把手放在胸前詢問自己，你真正想做的事是什麼？心裡愛的人是誰？先傾聽內心的想法再做決定吧。

 杏花栗子的解讀範例

戀愛
循環不息的深刻愛情。
工作與學業
有機會打動人心。

 杏花栗子的解讀範例

戀愛
在焦慮時眺望景色，轉換心情。
工作與學業
處理時間愈長的案件，愈要仔細檢查。

畫中的兩條蛇，表示男女等相異存在的整合；長著翅膀的權杖則是本能與知性的象徵，揭示兩人的心靈連結。這兩個人是第一次見面嗎？又或者是難得的重逢？

TWO of CUPS

正位	逆位
約定之日終於來臨	誤會是面對彼此的機會
兩人彼此相遇，互相交流想法，進而培養出和諧的關係，使偏頗的思想更加中庸平衡。在戀愛以外的其他方面，暗示與夥伴溝通交流的重要性。	當你打算放棄溝通時，正是改變現狀的大好時機。等心情平復下來以後，請梳理你的想法，再次跟對方談一談。

 杏花栗子的解讀範例

戀愛
真心愉快的深度交流。
工作與學業
與搭檔同心協力是成功的祕訣。

 杏花栗子的解讀範例

戀愛
試著彼此交流意見。
工作與學業
多多接觸不同的領域。

THREE OF CUPS.
聖杯三

基本
KEY WORD　　祝賀

3個女人舉杯慶祝，一起享受歡樂時光。她們的髮型和衣服都不一樣，表示不同的人格特質與性格，即便如此還是能共享幸福，感受相同的喜悅。

正位
協調適應力、同伴與人性

與夥伴度過愉快的時光，參加各式各樣的慶祝活動。例如餐會、線上交流會等，你將在熱鬧幸福的環境中盡情享受。

逆位
溝通討論是最佳捷徑

當你開始臆測、任意評判他人時，最好誠實地說出想法。請你放心，一旦決定相信他人，就不會有人背叛你。

杏花栗子的解讀範例

戀愛
藉由同好會或興趣，有機會發展戀情。
工作與學業
在慶功宴或交流會中加深感情。

杏花栗子的解讀範例

戀愛
兩人單獨談談。
工作與學業
找一個平靜的地方專心工作。

FOUR OF CUPS.
聖杯四

基本
KEY WORD　　尚未覺察

明明眼前出現了難得一見的聖杯，男人卻完全沒有發現。對目前的情況視而不見，往往會錯過重要的線索。也許是時候睜開雙眼了。

正位
留意目前的情況

與其不斷追求你不曾擁有的事物，不如先正視眼前的問題，說不定會發現突破的方法或新的目標。

逆位
發現線索，採取行動

你將對原本疏忽的事有所察覺，並且重新出發。因為過去無法採取行動，現在才會有想不完的好主意。此外，當你擺脫煩惱後，事情會愈來愈順利。有機會提出新的發想。

杏花栗子的解讀範例

戀愛
尋找愛的信號。
工作與學業
最好聽取旁人的建議。

杏花栗子的解讀範例

戀愛
不再欲求不滿。
工作與學業
跳脫一成不變的例行公事。

FIVE OF CUPS.

聖杯五

基本
KEY WORD　絕望後的希望

身穿黑色斗篷的男人站在3個聖杯的前方，他在歷經失敗後深陷絕望之中。不過，他背後的2個聖杯表示一切都還有希望。

FIVE of CUPS

正位

有朝一日必會派上用場

失去一切的時刻。感受悲痛的情緒。現在請誠實地面對情緒，不用強迫振作起來。之後馬上就會迎來新的希望。

 杏花栗子的解讀範例

戀愛
若兩人關係不理想，請互相溝通。
工作與學業
試著轉換方向。

逆位

繼續前進就能覺察

請試著以不同的觀點看事情，或是繞一些遠路。唯有經歷過千辛萬苦的人才會知道包袱有多重。如果找到了重新出發的機會，請好好把握。

杏花栗子的解讀範例

戀愛
可能建立新的關係，感情有新的進展。
工作與學業
在其他方面遇上好機會。

SIX OF CUPS.

聖杯六

基本
KEY WORD　懷舊

表示懷念之情或面對事物的本質。溫柔的少女們象徵著童心或純潔的心，這張牌似乎在告訴你，過去的經驗是幫助你找到答案的關鍵提示。

SIX of CUPS

正位

回顧過去，展望未來

回顧過往的溫暖回憶，有助於找尋心中的重要答案。你可能會發現過去發生的事，原來是為了現在而存在的。

 杏花栗子的解讀範例

戀愛
在同學會或本地認識新對象或重逢。
工作與學業
查詢過去資料，從中尋找解決辦法。

逆位

將難忘的事視作珍寶

既然無法忘懷過去的記憶，那就當作寶物來珍惜，別讓任何人看見。不必著急，那是只有你才能碰觸的寶物。

杏花栗子的解讀範例

戀愛
一生都忘不了的戀情。
工作與學業
別去在意從前犯的錯。

聖杯七

SEVEN OF CUPS.

基本 KEY WORD　空想與幻想

雲朵上有7個聖杯，以及許多幻想的畫面。這並不是現實，而是人物的夢想或妄想。這張牌表示你渴望的事物太多，無法做出選擇。

SEVEN of CUPS

正位

想做的事太多了

你是不是因為夢想太多而超出負荷了？雖然懷抱遠大的目標是很了不起的事，但正因如此才更要做好任務管理。關鍵在於循序漸進地學習。

逆位

覺察真心期望的事

你會變得更清醒，眼光更清晰。幸虧你察覺到心中真正的願望和目的，而且不再止於空想，懂得實際行動。請把過往的想像當作覺察的提示。

杏花栗子的解讀範例

戀愛
先鎖定要做的事。
工作與學業
循序漸進地處理，努力提升成績。

杏花栗子的解讀範例

戀愛
客觀審視對方的好時機。
工作與學業
務實的觀點有助於提升效率。

聖杯八

EIGHT OF CUPS.

基本 KEY WORD　旅行

從人物的紅袍和離去的身影來看，可以感受到他曾經是個充滿熱情的人，月光表示他的感情變化。夜空真是美不勝收。他一路以來的努力肯定不會白費。

EIGHT of CUPS

正位

揮別過去的自己

現在正是劃清界線，前往全新境界的時刻。你的價值觀可能改變，也有可能會前往某個地方。請好好珍惜回憶，朝新的方向跨出一步。

逆位

察覺現況，留意徵兆

當你遇到困境時，不需要感到悲觀。請認真思考，想一想現在該怎麼做才能脫離困境，你一定能找到答案。請先試著正視問題。

杏花栗子的解讀範例

戀愛
感情關係逐漸發生變化。
工作與學業
發現新的願望時，情況有新的發展。

杏花栗子的解讀範例

戀愛
希望維持感情。
工作與學業
請重新評估，並改變不斷重複的情況。

NINE OF CUPS.

聖杯九

基本
KEY WORD　實現願望

男人在9個聖杯的前面展露笑容。他是一名商人，歷經千辛萬苦後終於獲得成功。這是一張許願牌，表示心理和生理都獲得滿足，願望實現。

 正位

實現願望，達成與成功

至今為止的努力開花結果，目標達成。另外也暗示可能發生意外的幸運事件，處於運氣極佳的最佳狀態。感覺生活充實，萬事順利。

 逆位

在即將放棄時找回初衷

你深信自己無法實現願望。先別否定這樣的心情，請好好地接受它。你想放棄嗎？還是想實現心願？請聽從心中真正的想法。

杏花栗子的解讀範例

戀愛
告白、邀約或新的對象。
工作與學業
達成業績目標。合格或錄取。

杏花栗子的解讀範例

戀愛
焦慮不安時，照顧好心理健康。
工作與學業
比起物質生活，多留意精神狀態。

NINE of CUPS

TEN OF CUPS.

聖杯十

基本
KEY WORD　幸福

互相扶持的夫妻仰望著一道彩虹，彩虹和聖杯在閃閃發光。孩子們開心地手舞足蹈，這是一幅描繪美滿家庭的插畫。表示家人及滿滿的愛與關懷。

 正位

這份幸福歸功於你們

你會跟重要的人成為家人，非常幸福快樂。你們會成為彼此扶持終生的搭檔。這份幸福將長長久久，請放心生活吧。

 逆位

接納不安的情緒

如果你有家庭創傷，或是因為家庭問題而焦慮不安，請別強迫自己改變想法。先平復心情休養，情況一定會改善。

杏花栗子的解讀範例

戀愛
結婚。可能與對方的家人密切接觸。
工作與學業
能夠滿足心靈的領域。

杏花栗子的解讀範例

戀愛
循序漸進地聊聊家庭的話題。
工作與學業
重新檢視環境很重要。

TEN of CUPS

PAGE OF CUPS.

聖杯侍者

基本 KEY WORD　可愛

少年看著一隻小魚，好像在用眼神對話，想像力真豐富！這張牌表示未經世事或單純可愛的人，也象徵著好奇心，展現人的想像力、感性或純粹心。

PAGE of CUPS

正位	逆位
靈活的適應力和想像力	**不成熟是學習的本錢**
可能想到新點子，並開心地執行計畫。有機會發揮自身的吸引力，很受歡迎。此外，你可能會經常湧現出靈感，是提升想像力的好機會。	任何人剛做一件事時都會緊張，所以你不需要因為不熟悉而感到丟臉。就算不成熟也要抬頭挺胸，把現在當作難得的學習機會，多多吸收知識。

 杏花栗子的解讀範例
戀愛
認識年紀小的對象，關係有進展。
工作與學業
備受期待的新人。建議主動發表意見。

杏花栗子的解讀範例
戀愛
撒嬌可能有用。
工作與學業
跟後輩溝通很重要。

KNIGHT OF CUPS.

聖杯騎士

基本 KEY WORD　理想的紳士

白馬騎士拿著聖杯穩步前行。從他身上的裝飾可以看出他是負責傳遞消息的人。這張牌象徵溫柔體貼、善於交際的紳士。

KNIGHT of CUPS

正位	逆位
穩重溫和的浪漫主義者	**使優柔寡斷的愛積極進展**
善於溝通、細心機靈、很深情的人。你是個溫柔體貼的人，周圍自然會散發出溫暖的氣息。你很優秀，待在你身邊就能得到療癒。	如果你對對方有所不滿，可以直接說出心裡的想法。嚴厲的愛有助於刺激曖昧不明的態度。請誠實面對自己的心情。

 杏花栗子的解讀範例
戀愛
被彬彬有禮、溫柔體貼的人追求。
工作與學業
在傳播資訊的領域中取得成功。

杏花栗子的解讀範例
戀愛
對方可能展現軟弱的一面。
工作與學業
謹慎行事，避免誤傳消息。

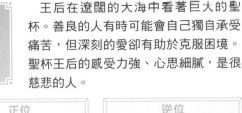

QUEEN OF CUPS.

聖杯王后

基本 KEY WORD 深切的愛情

王后在遼闊的大海中看著巨大的聖杯。善良的人有時可能會自己獨自承受痛苦，但深刻的愛卻有助於克服困境。聖杯王后的感受力強、心思細膩，是很慈悲的人。

QUEEN of CUPS

 正位

慈悲之愛與感受力

你比任何人都了解心痛的感覺，能夠用關懷的心來對待他人，擁有不求回報、自我貢獻的精神。你的感受力很豐富，善於看透人的本質和天性。

 逆位

深信不疑的盡頭是放下

當你對某件事深信不疑又無法自拔時，請先包容這樣的自己。過一段時間再慢慢放下就行了。你的思緒一定會愈來愈清晰，放心不會有事的。

杏花栗子的解讀範例

戀愛
盡心盡力、令人放心的戀情。
工作與學業
在神祕學、心理學方面有不錯的發展。

杏花栗子的解讀範例

戀愛
無法敞開心胸，就別勉強自己。
工作與學業
感受力和包容力很重要。

KING OF CUPS.

聖杯國王

基本 KEY WORD 寬容

聖杯國王是水中之王，象徵寬大的胸襟。他是心胸寬闊、底蘊深厚的偉人。大海象徵著最深層的意識，掌管大海的君王即是充滿愛的存在。

KING of CUPS

 正位

深似海的溫暖愛情

這個人似乎非常在乎你，而且很值得信任，請務必珍惜這段緣分。對方十分可靠，會時時刻刻保護你。

 逆位

在受人擺佈時停下腳步

你是不是犧牲太多，身心狀態都撐到極限了？這時請停下腳步，放鬆一下。你的心才是最重要的，不需要犧牲自己。

杏花栗子的解讀範例

戀愛
對方會對你盡情地示愛。
工作與學業
得到主管或前輩的稱讚。

杏花栗子的解讀範例

戀愛
請珍惜自己。
工作與學業
記得表現得柔軟一點。

寶劍
SWORDS

知性、智慧與理性的象徵

隨著技術的進步，寶劍成為人類加工製成的工具。寶劍是知性、智慧和理性的象徵，但另一方面，也有對他人造成精神傷害的含義。有些牌揭示了人類複雜的思考模式和心理活動，包括執著的想法或謀略算計，看了讓人不太舒服。不過，我們終將迎接曙光，發展出全新的價值觀。

寶劍的故事

侍者
雙手持劍，仔細觀察周遭情況。

騎士
駕馬揮劍的騎士。展現出自信十足、實力高強的模樣。

王后
右手舉著寶劍的王后。她直直地望著前方，接納自己的過錯。

國王
國王坐在巨大寶座上，手拿一把大劍。做出正確的判斷。

一
用掛著王冠的寶劍開墾拓荒。

二
內心在兩把劍之間擺盪糾結。

三
寶劍貫穿心臟，傷心欲絕。

四
大受打擊，正在靜養。

五
懷疑同伴，擬定策略。

六
帶著家人出航，前進新世界。

七
抱著多把寶劍，積極嘗試。

八
被束縛的女人，卻能伺機而動。

九
即將從創傷或惡夢中解脫。

十
人物的四周都是劍，曙光升起。

ACE OF SWORDS.

寶劍一

基本
KEY WORD　　決心

人物緊緊握著寶劍，寶劍的前端有王冠和月桂葉，代表勝利、威嚴及強大的意志力。寶劍一是風元素的象徵，是彰顯理性與知性的正義力量。

ACE of SWORDS

正位

理性思考，勇往直前

不論路途再艱辛，你都能充分運用知識和正確的判斷力，毫不猶豫地持續前進。擁有堅強的意志力，不受周遭的人事物所影響，能夠冷靜行事。

逆位

小心選擇措辭

當說話口氣不小心變尖銳時，請先順勢補救，然後再考慮後續的作法。彼此好好談一談就有機會互相理解。暫時冷靜一下，你會找到解決的方法。

杏花栗子的解讀範例

戀愛
你可以直接表達自己的想法。
工作與學業
冷靜分析情況並執行計畫。

杏花栗子的解讀範例

戀愛
互相溝通時要注意措辭。
工作與學業
做出錯誤判斷時，一定要找人討論。

TWO OF SWORDS.

寶劍二

基本
KEY WORD　　平衡

女人蒙蔽雙眼，身體保持平衡。新月和大海象徵瞬息萬變的複雜情感，2把劍則代表感情和理性。為了不受兩者的影響，她保持平衡並覺察自己的內在。

TWO of SWORDS

正位

保持平衡，覺察內在

如果當下無法立刻做出決定，那就不要勉強自己。當你難以採取行動時，正是保持平衡、觀察情況並調整自己的好時機。請認真地冥想看看。

逆位

答案出現時將不再迷惘

終於收到一直以來期盼已久的解答。與此同時，你只要說出自己的真實想法就能走上全新的路。

杏花栗子的解讀範例

戀愛
想想對兩人重要的事有哪些。
工作與學業
先做好萬全準備再採取行動。

杏花栗子的解讀範例

戀愛
曖昧的關係將大有進展。
工作與學業
耽擱的企畫或案件有望重啟。

THREE OF SWORDS.

寶劍三

基本
KEY WORD　**痛苦**

利劍刺入鮮紅的心臟，畫面令人感到心痛又毛骨悚然，但這是持續堅持忍耐的證明。這份痛楚必將使你成長茁壯。

THREE of SWORDS

 正位

深陷痛苦時別勉強自己

深受打擊而疲憊不已的時刻。請先安穩地過日子，直到撫平傷痛為止。想哭的時候就盡情大哭吧。總有一天，你一定會以其他形式得到回報。

杏花栗子的解讀範例

戀愛
內心受傷時，可要求對方道歉。
工作與學業
考慮事情時，跟過去失誤劃清界線。

 逆位

走出悲傷的情緒

每天以淚洗面的日子即將結束。錐心刺骨又不舒服的感受會漸漸消失。請從你辦得到的事情開始，慢慢著手處理吧。

杏花栗子的解讀範例

戀愛
克服過去的感情創傷。
工作與學業
過去被否決的提案將重見天日。

FOUR OF SWORDS.

寶劍四

基本
KEY WORD　**休息片刻**

劍士在戰鬥結束後躺下，一邊祈禱一邊休息。即使是非常堅強的人，也需要療癒自己。地上的一把寶劍和彩繪玻璃表示傷口即將癒合，你將重新振作。

FOUR of SWORDS

 正位

重要的充電時間

身心都需要放鬆休息的時期。休息一下也沒關係，你不會因此落後的。充分的休息反而有助於保持最佳狀態，好好表現自己。

杏花栗子的解讀範例

戀愛
再堅持一下，感情就會迅速發展。
工作與學業
多多休息很重要。

 逆位

在傷口癒合後動身

該採取行動了！你將在休息過後恢復體力和精力，準備再次行動。請你慢慢來，試著理解自己的感受並繼續前進。

杏花栗子的解讀範例

戀愛
斷聯的對象會重新聯絡你。
工作與學業
從緊湊的行程中解脫。

FIVE OF SWORDS.
寶劍五

基本 KEY WORD　**貪婪**

獲勝的青年收集了戰敗者的劍。他完全按照自己的想法來行動，絲毫不會感到後悔。如果繼續保持這種態度，未來肯定不會順利。這張牌表示你必須好好考慮未來的事。

FIVE of SWORDS

正位	逆位
未來比欲望重要	**在迷失方向時求助於人**
為了打贏對手而擬定作戰計畫時，應該從不同的觀點進行討論，不要採取強硬的手段。請再認真思考一下，以免後悔莫及。	當你因為失敗而開始自我譴責時，請向他人尋求協助。如果你說不出口，那就在別人看不到的地方發洩一下吧。梳理完自己的情緒後，你一定會重新找到方向。

杏花栗子的解讀範例
戀愛
發現彼此都很自私時，請內觀自省。
工作與學業
現在請重新調整方法。

杏花栗子的解讀範例
戀愛
發現維持良好關係的線索。
工作與學業
有參加反省會等重新檢討的預兆。

SIX OF SWORDS.
寶劍六

基本 KEY WORD　**出航**

人物帶著家人離開了目前的居所，雖然背影看起來很悲傷，但這張牌是樂觀出航的象徵，他們會航向新世界。只要離開現況就能遇上新的好事。

SIX of SWORDS

正位	逆位
邁向美好未來的一步	**動彈不得時，先嘗試一次**
朝著未來踏上全新的旅途。這次的離開並非出於妥協，而是真實的心願。你做出了非常好的決定。一旦決定了，就要勇往直前。	如果你不敢划槳的話，那就試著慢慢來，等到你敢行動的時候再繼續下去。在你真的想要嘗試以前，要是提不起勇氣也不用著急。

杏花栗子的解讀範例
戀愛
一起前往新世界。可能認識新的對象。
工作與學業
因轉職或人事異動而獲得高升。

杏花栗子的解讀範例
戀愛
如果無法放棄，那就繼續思念。
工作與學業
從辦得到的事開始挑戰。

SEVEN OF SWORDS.

寶劍七

基本
KEY WORD　戰略

青年為了執行作戰計畫,甚至不惜盜取寶劍,從他狡猾的模樣來看,可以想像他是個機靈的人。總是擬定策略的處事態度究竟是好是壞呢?這是一張發人深省的牌。

SEVEN of SWORDS

正位

探究行動背後的真實企圖

精明的作戰企圖。事情背後說不定藏著跟想像完全不同的真相。謀略算計、製造混亂當然是不對的,你不需要勉強自己原諒對方。請試著探究事情的本質。

逆位

誠實正直,忠於自我

決定停止行動,發現其實沒必要擬定策略。你似乎已經發現,依照說明書或計畫來行動不會得到任何結果。只要誠實地應對就能重新來過。

杏花栗子的解讀範例

戀愛
可能展開戀愛的攻防對話。
工作與學業
小心警惕甜言蜜語。

杏花栗子的解讀範例

戀愛
找回誠實的心。坦率的追求方式。
工作與學業
正視問題就會有所收穫。

EIGHT OF SWORDS.

寶劍八

基本
KEY WORD　拘束

矇眼的女性正處於動彈不得的情況。雖然她接受了目前的情況,但插在地上的利劍表示她的意志很堅定。紅色服飾是熱情的象徵,一旦時機來臨,她就會立刻動身。

EIGHT of SWORDS

正位

忍耐與接受

目前你似乎處於無法行動、束手無策的情況,只能繼續忍耐。你可以在忍無可忍之前向他人求救。小小的呼聲就能讓事情產生巨大變化。

逆位

接受幫助才能自由選擇

終於有人來幫忙了。眼前的救助是掙脫束縛的機會,必須靠自己牢牢抓住。你想獲得自由,還是想繼續被束縛?之後又想怎麼做?做選擇的時刻已經到來。

杏花栗子的解讀範例

戀愛
太嚴厲的束縛或控制。
工作與學業
小心別加太多班或讀得太拚命。

杏花栗子的解讀範例

戀愛
將掙脫束縛,談場有安全感的戀愛。
工作與學業
擺脫長時間的限制。

NINE OF SWORDS.
寶劍九
基本 KEY WORD　苦惱

女性想起過往的心理陰影，不知該如何面對悲傷。那種失落感和後悔令人難以想像。然而玫瑰的毛毯象徵著熱情，暗示著她的心終將燃起火光。

NINE of SWORDS

正位	逆位
直面痛苦	**擺脫惡夢的時刻**
若你正過著受妄想所苦、輾轉難眠的日子，建議可以鼓起勇氣面對惡夢。未來必將迎來曙光。請慢慢地緩和情緒。	誤會解開。被害妄想的狀況減少，精神上的痛苦也隨之緩解，睡眠不足的情形獲得改善。有拿出幹勁、重新恢復士氣的跡象。

 杏花栗子的解讀範例
戀愛
因被害妄想所苦時，請先深呼吸。
工作與學業
擔心再次犯錯可以找人商量。

 杏花栗子的解讀範例
戀愛
誤會解開，有心情豁然開朗的預兆。
工作與學業
從巨大的壓力中解放。

TEN OF SWORDS.
寶劍十
基本 KEY WORD　黎明的徵兆

10把寶劍圍著人物。圖畫表現出故事的結束、激戰的結局，各種故事迎來終章，然而遠方的絢爛天空也預示黎明的前兆。人將不再痛苦。

TEN of SWORDS

正位	逆位
黎明將至，無須再努力	**帶著許多傷痛再出發**
當遭受重大打擊，感覺難以振作時，不用再那麼努力也沒關係的。你無須犧牲自我。戰鬥已迎來終結，現在你需要的只是好好休息。	把至今為止的經驗作為食糧再出發的時刻。正因為已多次碰壁，你才能脫離最辛苦的時期並邁出步伐。新的道路上將陽光普照。

 **杏花栗子的解讀範例**
戀愛
感覺疲憊時，請允許自己休息一會兒。
工作與學業
最後一搏後，請好好休養身體。

 杏花栗子的解讀範例
戀愛
已結束的事物出現進展。
工作與學業
基於經驗想出新企畫。

PAGE OF SWORDS.

寶劍侍者

| 基本 KEY WORD | 謹慎 |

少年以警戒的姿態手持寶劍，觀察著周圍環境。這張牌也是所有侍者牌中，氣質最成熟、謹慎且毫無破綻的人物。胸有成竹的模樣，讓人很難相信他還正在修行。

PAGE of SWORDS

| 正位 | 逆位 |

善於收集訊息的新人

你具有超乎見習者身分的優異鑑別能力，能夠冷靜行事。就算長期處於基層也從不氣餒，總是細心地做好事前準備，好隨時出擊。

試著盡早掌握先機

如果機會已出現在眼前，可以先嘗試抓住。謹慎行動固然重要，但企畫就此告吹實在可惜。不妨先對事情保持熱情。

 杏花栗子的解讀範例

戀愛
謹慎窺探對方態度的時期。
工作與學業
適合擔任研究職務、企畫提案人。

 杏花栗子的解讀範例

戀愛
遇到過於謹慎、慢熟的對象等。
工作與學業
有想法就盡早提案。

KNIGHT OF SWORDS.

寶劍騎士

| 基本 KEY WORD | 疾風 |

青年與氣勢恢弘馬匹馳騁在荒野之上。和因著熱情行動的權杖騎士不同，即使逆著風，他也從容不迫地前進。寶劍騎士的特徵是基於忠誠或使命，冷靜又迅速地行動。

KNIGHT of SWORDS

| 正位 | 逆位 |

比任何人都更早到目的地

為達目的，你會比任何人都要更快動身。即使行動勢如破竹又果敢，但絕非亂無章法，而是在保持速度的同時，做出正確的判斷，擁有如同寶劍般的特質。

舉行前瞻性作戰會議

不考慮先後順序就行動，恐將伴隨風險，建議還是要先縝密籌劃。不要著急，客觀審視很重要，先從能做的事情開始著手吧。

 杏花栗子的解讀範例

戀愛
有速度感地接近。
工作與學業
能輕而易舉地突破理想領域。

 杏花栗子的解讀範例

戀愛
如果對方態度強硬時，可以提醒一下！
工作與學業
討論時要留意遣詞用字。

基本 KEY WORD　冷靜

下達判決的女王乍看之下很冷酷，但其實她的手正伸向前方，等待著對方發言。她並非冷血無情的角色，而是一位擁有能理解狀況的慧眼、善於掌握公平又睿智的女性。

QUEEN of SWORDS

 正位

平等聽取意見，深思熟慮

你能不受情感影響，掌握事情的主幹。而這張牌卡的正位也代表善於透過傾聽來理解對方的意圖，既優秀又有包容性的人物。

 逆位

難以敞開心扉，孤芳自賞

你給人高不可攀的感覺。即使內心深處擁有溫柔的性格，也可能因為距離太遠而難以被察覺。慢慢來也沒關係，建議要留意多向他人打招呼。

杏花栗子的解讀範例

戀愛
能展開邏輯又有未來性的對話。
工作與學業
有機會受到女性上級的賞識。

杏花栗子的解讀範例

戀愛
從打招呼開始，留下好印象。
工作與學業
神經過於敏感時，可以來杯熱飲。

基本 KEY WORD　理智

手持巨大寶劍的國王不受情感左右，單純地秉持正義和信念行事。他的男性特質顯而易見，是位理性且意志堅強的賢君。

KING of SWORDS

 正位

毫不妥協，貫徹正義

這張牌卡的正位象徵貫徹信念與正義的領導者。代表不受情感影響或動搖，值得尊敬與信賴的可靠人物。你的心擁有堅定不移的強大意志。

 逆位

迴避獨裁行徑，適時溝通

性格過於強勢，導致自己感到孤立無援時，請先與夥伴溝通。你本質上仍是受大家信任的人物，所以只要好好進行意見交流就不會有問題。

杏花栗子的解讀範例

戀愛
邂逅知性對象與其有所進展。
工作與學業
在信賴的男性幫助下，成績獲得提升。

杏花栗子的解讀範例

戀愛
感覺沒有餘裕時，可嘗試疏通意見。
工作與學業
感到疲於奔命時，建議暫時擱置。

Part 1　學習塔羅牌的牌義

QUEEN OF SWORDS.

寶劍王后

KING OF SWORDS.

寶劍國王

錢幣
PENTACLES

富裕與價值的象徵

錢幣的英文 Pentacle 有金幣、硬幣與徽章的意思，象徵所有對人類而言有價值的東西。表示人重視財產、房子或肉體等物質。而此花色的牌卡有些代表靠本事獲得金錢上的富足；有些則意指因驕矜自滿而失足的挫折……描繪物質與金錢帶來的富足感，以及與之息息相關的事情始末。

錢幣的故事

侍者

少年緊盯手中錢幣，象徵以腳踏實地的方法獲得富足。

騎士

騎士手持錢幣，不惜一切努力，只為確保能獲得成功。

王后

女王懷抱著錢幣，代表穩定與富足，以及安穩、和平的生活。

國王

錢幣國王身著華服，象徵長年的努力後，終於得償所願。

一

獲得實力與富足的模樣。

二

運用學到的技巧操縱錢幣。

三

人們正在合作完成某一件事物。

四

滿足於到手的報酬，維持現狀的姿態。

五

與誰共同克服困難的景象。

六

人們正在公平地分配、收取報酬。

七

在農作物前重新審視自我。

八

手拿錢幣，專注於一件事的模樣。

九

迄今為止的努力獲得認可，收種一定程度的評價。

十

建立自己的城池，目標已達成。

ACE OF PENTACLES.

錢幣一

基本
KEY WORD　物質

巨大的硬幣有別於其他精神元素，代表生存上所須的物質事物。牌卡中的人物收穫肉眼可見的恩惠，在小阿爾克納中，這張也算是特別能感受到喜悅之情的一號牌。

ACE of PENTACLES

正位

能確切感受到的必需品

你能獲得肉眼可見的物質事物，並以此為契機，進一步拓展視野，請帶著巨大的滿足感，邁出下一步。

杏花栗子的解讀範例

戀愛
收到實用的禮物。

工作與學業
收穫與努力相應的結果、報酬等。

逆位

不完美的理由近在眼前

收到與想像有落差的東西，或感覺似乎少了些什麼的時候，提示也許就藏在該物質之中。請再次仔細觀察，說不定能找到答案。

杏花栗子的解讀範例

戀愛
覺得缺乏什麼時，兩人可一起討論。

工作與學業
再次確認有無缺漏或失誤。

TWO OF PENTACLES.

錢幣二

基本
KEY WORD　靈活

街頭藝人靈活操縱著兩塊錢幣。他的服裝顏色鮮明，看起來很享受這個職業，但背景的海浪卻波濤洶湧，是一張能感受到流動性的牌卡。

TWO of PENTACLES

正位

在調整中取得平衡

代表籌劃的事情進展順利，或事物保持良好平衡的狀態。你透過不斷反覆微調，讓事物不偏不倚，且能在享受的同時處理事物。

杏花栗子的解讀範例

戀愛
與具協調性、能兼顧事物的人有進展。

工作與學業
有在兩個不同領域得心應手的傾向。

逆位

覺得走偏時，先重振旗鼓

感覺偏離重心、失去目標時，請先重新檢視目前的狀況。不用強行處理也沒關係。客觀審視有助於找到解決辦法。

杏花栗子的解讀範例

戀愛
遇到波折時，可以出遠門透透氣。

工作與學業
從事副業調整收入，以免出現波動。

THREE OF PENTACLES.

錢幣三

基本
KEY WORD　團隊合作

職位各不相同的三個人物，正在合力建設聖堂。這張牌卡表現的是在重視合作的同時，完成事物的過程，也象徵專案獲得階段性成功。

THREE of PENTACLES

正位	逆位
各自發揮所長，團結一心	**嘗試傳達真實的心情**
與周圍人分工合作，能取得超乎想像的成果。若人人都能發揮所能，必將有好事發生，建議最好能互相了解彼此擅長的領域來採取行動。	無法接受當前的體制時，建議找機會慢慢商量。意見交流能有助於消除隔閡。如果覺得很難說出口，也可以改用文字來表達。

杏花栗子的解讀範例
戀愛
有可能在職場或團體中發展出戀情。
工作與學業
藉由合作達成目標。

杏花栗子的解讀範例
戀愛
兩人須一起解決難題。討論很重要。
工作與學業
落實報告、連絡、商量的動作。

FOUR OF PENTACLES.

錢幣四

基本
KEY WORD　佔有慾

從人將到手金幣放在頭上、抱在懷中，甚至踩在腳下的姿態，能感受到他強烈的佔有慾。這張牌卡也讓人感覺有些諷刺，好像沒必要死守成這樣。

FOUR of PENTACLES

正位	逆位
誰也不讓，繼續保持現狀	**不會輕易被奪去**
擁有強烈的佔有慾，但這並不是壞事，只是想維持現狀而採取保守態度。此外，這張牌的正位也顯示你有過分強烈的執著，不一定是對物質，也可能是對一段人際關係。	難以抑制執著的心情時，請先重新審視狀況。你重視的東西並不會輕易被奪走。因為時間積累而來的事物，是誰都模仿不來的。

杏花栗子的解讀範例
戀愛
收入或地位穩定的對象。
工作與學業
不動產相關的職業或投資等。

杏花栗子的解讀範例
戀愛
對方的佔有慾達到頂峰。
工作與學業
留意咄咄逼人的態度。

FIVE OF PENTACLES.

錢幣五

基本
KEY WORD　　逆境

滿身傷痕的兩人正在遊蕩。物質上看似並不寬裕，但背景的彩繪玻璃卻透著光輝。兩人相互依存，因此並不孤單。而這張牌也象徵著即便是在痛苦的狀況下，仍然有救贖。

FIVE of PENTACLES

正位

不要勉強，維持現狀

感到絕望時，很難看到希望。現在就先保持原樣沒關係。請先療癒自己，在看見光之前，不用勉強振作起來。幽暗的彼方，必有一束光明。

🐸 杏花栗子的解讀範例

戀愛
遇見理解自己缺點的對象。
工作與學業
遇到瓶頸時，請重新思考。

逆位

發現光的存在

如同發現背景的彩繪玻璃，你將在黑暗中找到希望。此外，你也有能陪你走到最後的夥伴。從今以後，你將不再孤身一人。

🐰 杏花栗子的解讀範例

戀愛
貧困但仍願意互相陪伴的關係。
工作與學業
擺脫收入或成績的最低谷。

SIX OF PENTACLES.

錢幣六

基本
KEY WORD　　分配

身為商人的男子，正在同勞動者們分配薪資。牌面顯示出公平給予的重要性，以及施與受的關係。男子能理解要依據工作表現，給予相應的報酬。

SIX of PENTACLES

正位

正確、合理的關係

這張牌的正位代表與客戶等是互惠互利的狀況。就算當志工也不例外，因為從事這類活動能促進自我學習。施予和接受……反覆這兩者的循環將有利於建立雙贏關係。

🐸 杏花栗子的解讀範例

戀愛
相互循環的關係。
工作與學業
收到合理的評價或薪資。

逆位

遇到不公平的對待要通報

發現有不平等的事情發生時，你可以直率地提出申訴。因為你並沒有做錯任何事。請挺起胸膛，光明正大地主張自己的想法。

🐰 杏花栗子的解讀範例

戀愛
感覺不公平時，請傳達自己的意見。
工作與學業
與專家共同因應不正當的條件。

SEVEN OF PENTACLES.

錢幣七

基本
KEY WORD　思索

年輕人正看著自己栽種的農作物若有所思，他大概還沒有想到接下來的事。而這張牌也預示著有可能因做出一項成果而大開眼界。

SEVEN of PENTACLES

正位	逆位
從累積經驗中尋找線索	**繼續執行以免半途而廢**
對現狀沒有成就感或覺得沒價值，陷入因循苟且的狀態時，建議從根本審視過去的經驗或資料。只要改變視角，就有機會想出新點子。	事情似乎快要功虧一簣。這時若能堅持執行，前途必將豁然開朗。有些事是需要持之以恆才能看見，你可以在當前基礎之上，用最適合自己的方式去嘗試。

杏花栗子的解讀範例
戀愛
建議來場與以往不同的對話或約會。
工作與學業
具體思索新方案。

杏花栗子的解讀範例
戀愛
何不把想法全盤托出？
工作與學業
修正軌道以免前功盡棄。

EIGHT OF PENTACLES.

錢幣八

基本
KEY WORD　鍛鍊

青年單手握著錢幣，聚精會神地作業。可以看出他正堅持不懈地付出努力，不斷精進。象徵透過持續鍛鍊，獲得重要的學問與成果。

EIGHT of PENTACLES

正位	逆位
一心一意地持續努力	**無法集中時，請改善環境**
你正全神貫注於處理某件事物。為磨練技術與經驗不斷努力的狀態固然辛苦，但你必將斬獲巨大的成就。現在只需揮灑熱情、專心致志地前進。	對工作感到厭倦或難以集中時，請改變環境，像是先從轉換心情開始。若在意周圍的聲響，可以聽聽音樂等，多下點功夫能有助於提升專注力。

杏花栗子的解讀範例
戀愛
誠實展現自我會有好結果。
工作與學業
建議往技術性職業或匠人領域發展。

杏花栗子的解讀範例
戀愛
陷入低潮時，聽戀愛歌曲提升動力。
工作與學業
若感覺不夠熟練，那就加緊練習。

NINE OF PENTACLES.
錢幣九

基本
KEY WORD　魅力

女子貌美如花又才華橫溢，她的表情有些如夢似幻。一開始還有些不滿的她已轉變想法，感受著鳥兒的婉轉與戶外空氣，開始察覺到感謝並珍惜現在擁有幸福有多麼重要。

正位	逆位
受到愛情眷顧的幸福模樣	**試著傳達感謝的心情**
即使你自己並無意為之，但你似乎受到了周圍人的寵愛。你將發揮自己的才能與魅力，也有機會受到上級的關照。	無法滿足於現狀時，請試著接受這種情緒。等心情平復後，你可以慢慢試著向那些支持自己的人們表達感謝之意。

杏花栗子的解讀範例	杏花栗子的解讀範例
戀愛	戀愛
對方很可能會邀你一起吃飯。	你似乎正憧憬著如高領之花般的人物。
工作與學業	工作與學業
有機會受到上級的喜愛和提拔。	最好多留意向周圍人打招呼。

NINE of PENTACLES

TEN OF PENTACLES.
錢幣十

基本
KEY WORD　繼承

老人安詳地凝望著年輕人們。他組建了這個家庭如今的樣貌，且今後將由他的後代承襲。不僅物質上的事物，他的精神也將傳承下去。

正位	逆位
得以延續的繁榮生活	**花時間解決家庭問題**
現在是將經年累月的成就與地位傳承下去的時刻。這張牌卡的正位不僅象徵繁盛，也預示著富裕的生活將世代延續下去。你有可能繼承遺產或獲得技術上的傳承等。	有家庭關係上的心理陰影或問題時，如果覺得很痛苦的話，不用勉強自己面對也沒關係的。你可以先花時間，從能做的事情開始採取措施。建議找值得信任的對象諮詢。

杏花栗子的解讀範例	杏花栗子的解讀範例
戀愛	戀愛
家人或親戚可能會介紹對象。	嘗試互相討論家庭問題。
工作與學業	工作與學業
暗示你將繼任重要職位。	繼承問題要諮詢專家。

TEN of PENTACLES

PAGE OF PENTACLES.

錢幣侍者

基本
KEY WORD　　勤奮

少年目不轉睛地看著到手的錢幣。從卡牌圖案能感受他對研究充滿熱忱且好奇心旺盛，勤奮且求知若渴的性格。也許他總有一天能取得巨大的成果。

PAGE of PENTACLES

正位

熱衷學習的研究者

這張牌卡的正位代表對任何事物都充滿興趣、積極面對的踏實人物。雖然你可能還只是個見習者，但只要持續努力，將來肯定大有可為。是備受期待的新人。

> **杏花栗子的解讀範例**
> 戀愛
> 受到年紀小且勤奮的人的青睞。
> 工作與學業
> 踏實地繼續研究，必將有所成就。

逆位

把空想化為現實

擁有遠大的目標是件很棒的事。談論夢想也是實現的一個步驟，但切記不要光只是想像，著手執行也很重要。請試著從能做到的事情開始挑戰。

> **杏花栗子的解讀範例**
> 戀愛
> 遇到注重情境模擬的慢熟對象。
> 工作與學業
> 談理想須和作業同時進行。

KNIGHT OF PENTACLES.

錢幣騎士

基本
KEY WORD　　穩健

青年手拿錢幣，按自己的步調前往目的地。與其他的騎士相比，這位騎士少了華麗感與氣勢，但他很擅長花時間選出最穩健的道路，具備按計畫完成任務的可靠實力。

KNIGHT of PENTACLES

正位

穩妥又確實

不管走得多麼慢，你終將能抵達目的地。這張牌的正位象徵穩定、認真的人物。你會遵守約定、努力不懈地前進，也因此能與人建立信任，穩步取得一番成就。

> **杏花栗子的解讀範例**
> 戀愛
> 認識穩定又可靠的對象。
> 工作與學業
> 持續穩扎穩打地作業很重要。

逆位

保守不如按自己步調行動

行動總好像慢半拍時，可以先從客觀角度，好好審視當前的狀況。如果無論如何都想提升速度，那麼改變做事方式或許也是個辦法。

> **杏花栗子的解讀範例**
> 戀愛
> 遇到被動又慢熟的對象。
> 工作與學業
> 留意再加快一點速度。

QUEEN OF PENTACLES.

錢幣王后

基本
KEY WORD　孕育

大地女王如抱者自己孩子般懷抱著錢幣。身旁還有象徵多產的兔子。周圍繁花似錦，帶給人愛意蘊育一切的感覺。象徵著慷慨的人物，代表豐盛與慈悲。

QUEEN of PENTACLES

正位

不斷給予愛與安穩

這張牌的正位代表感謝種種生命、擁有慈愛精神的人物。它具有很強的家庭元素，你應該很有可能得要照顧他人或被人依賴。請珍惜在寧靜中度過的時光，不要太有負擔。

杏花栗子的解讀範例

戀愛
認識喜歡照顧人、性格很仁慈的對象。
工作與學業
有機會從事教育工作或進入相關領域。

逆位

不擅長的事也能積極應對

當被批評不諳世事或不擅長做家務時，請先不用介意。現在方便的工具和簡易方法多的是。你可以選擇在自己喜歡時間點，嘗試那些感覺會很有趣的做事方法。

杏花栗子的解讀範例

戀愛
就算不擅長煮飯，從旁協助也沒問題！
工作與學業
感到消極時，請在空閒時轉換心情。

KING OF PENTACLES.

錢幣國王

基本
KEY WORD　財富

錢幣國王身著華服，他擁有勝過一切的權力和財富，且政績斐然，是締造富足國家的偉大存在。他擁有穩定的地位與權力基礎，是象徵富裕的領導者。

KING of PENTACLES

正位

坐擁財富與權力的成功人

物質事物齊備的狀態。此外，你也有能力能邁向新的榮景，擁有相當卓越的商業頭腦。你的儲蓄也將持續增長，能過上安穩的生活。

杏花栗子的解讀範例

戀愛
有機會與年紀較長的人或富豪談戀愛。
工作與學業
有擔任經營者、從事自營業的才能。

逆位

用精神事物填補物慾

對金錢感到麻痺時，可以嘗試接觸能滿足心靈的事物，例如從事讓人熱血沸騰的運動、欣賞電影或散步等。多做點功課，就能掌握些省錢的竅門。

杏花栗子的解讀範例

戀愛
建議計畫一場愉快的小資約會。
工作與學業
留意經費和預算的評估。

column
教教我！杏花栗子！

無論是占卜的時機，或占卜時的穿著等，
下面就讓我來解答各位的一些疑問吧！

Q 什麼時候是進行占卜或找人占卜的好時機呢？

A 當你有想占卜或想找人看看的念頭時，就是好時機。不管什麼
時候都可以！當你有這種心情時，就是所謂的「占卜時機」。

Q 占卜或找人占卜後， 該採取什麼行動呢？

A 不用硬是要採取什麼行動哦。有這種想法當然很棒，但最重要
的還是要看採取行動「會不會讓你有壓力」。如果覺得有負擔，
那麼暫時觀望也沒關係；相反要是你很想要有作為時，那麼你
就可以在自己能力所及的範圍內嘗試看看。不要勉強，慢慢來
就好。請在辦得到的時候，從能做的事情開始著手吧。

Q 占卜時有什麼例行公事嗎？

A 在占卜前，要先敲響名為「丁夏」的樂器。另外，在錄製解牌
影片或替自己占卜時，我會事前在洗牌的時候播放喜歡的音
樂。也許大家會對此看法不一，但這也只是我的個人習慣，供
各位參考。

Q 占卜時應穿著怎樣的服裝？

A 我通常會穿休閒裝束來占卜。建議應避免會對腰部造成壓力，
或有束縛感的服飾。另外，各位也可以選擇穿有助於提振心情
的服裝，例如個人喜歡的衣服等。總之，我會盡量挑自己喜歡
或穿起來輕鬆的款式，顏色方面則倒沒什麼講究。

Part
2

享受塔羅牌占卜的樂趣

本章將講解洗牌＆切牌的方法，
還會介紹新手也能輕鬆完成的基本牌陣，
以及作者自己的獨門牌陣。

開始用塔羅牌來占卜吧！

占卜方法很自由！
請找出自己的專屬風格吧。

各位已經準備好一副塔羅牌了嗎？如果還沒有，建議可以從牌卡的圖案或大小，憑感覺選出一副自己第一次使用的塔羅牌。

話說回來，或許有人對塔羅牌占卜有規範嚴格、步驟繁瑣的印象，但事實絕非如此。塔羅牌占卜基本上很自由，絕對沒有什麼「非這麼做不可」或「這麼做會受到懲罰」的事情，還請放心。

本章將介紹基本的占卜步驟，以及10種牌陣（牌卡的擺法排列方式）。大家可以藉由每天的塔羅占卜，找出適合自己的專屬占卜方式。

此外，塔羅牌占卜不該在過於緊張、精神緊繃的狀態下進行，各位只要在放鬆的狀態下集中精神占卜即可。

塔羅牌的占卜流程

1 決定問題

用塔羅牌占卜時，問題的內容或想占卜的事情愈具體，牌卡就愈能給出明確的答案。因此我建議要盡量想一個具體、明確的問題，不過要是怎麼也想不出來，也可以先把事情寫在紙上等，用梳理的方式來決定問題。

2 決定牌陣（牌卡的擺法）

牌陣的英文"Spread"有「展開」的意思，在塔羅占卜中則是指牌卡的排列方式。本書將介紹傳統使用的特定擺法，還有作者獨家的牌陣。各位可以依據問題的內容來選擇適合的牌陣。

3 洗牌與切牌

把牌卡打散混合叫「洗牌」，將分成數堆的牌卡交替堆疊叫「切牌」。在擺出牌陣之前，每次都要進行洗牌和切牌。詳細方法請見84頁。

4 排列牌陣

依據選擇的牌陣形式擺放牌卡。這時要小心別動到牌卡的上下方向，一邊在心中想著問題，一邊以對占卜者來說為垂直的方向擺放牌卡。此外，不管是蓋著牌或把圖畫翻過來擺都行！

5 解讀牌義

從攤開的牌卡獲取建議或訊息。就算不按擺放順序解讀也沒關係！你可以從最在意的那張牌，或你感覺意義明確的牌卡開始解析。建議每張牌都可以先用直覺解讀看看。

占卜前，
請先從了解你的煩惱和你自己開始。

用塔羅牌占卜時，很多人都會煩惱該用哪種牌陣進行。不過其實只要讓想問塔羅牌的事情愈具體，就愈容易決定牌陣！

一開始各位可以思考自己「想知道什麼」「正在煩惱什麼」「接下來想要怎麼做」「如何才能做到」，透過釐清思緒來正視煩惱的本質。隨後，你也可以明確地加上「誰」「該怎麼做」「會如何」等主語或目的，嘗試決定要向牌卡提出的問題！決定好就能夠依據問題，參考右表來選擇牌陣，或者是憑自己的感覺隨意擺放也可以喔！

一旦熟悉後，你就能憑直覺選出牌陣。各位首先應著重於了解自己與煩惱，先從做得到的事情開始也沒問題。

本書將介紹包含作者獨家牌陣
在內的 10 種牌陣

初學者
請從這裡開始！

SPREAD
1

單張牌
▶ 86頁

單靠兩張牌就能
清楚得到結果和辦法！

SPREAD
2

兩張牌
▶ 87頁

解讀過去、現在、
未來的線索

SPREAD
3

時間之流
▶ 88頁

在兩者間
猶豫不決時

SPREAD
4

二擇一
▶ 89頁

一對一單純
人際關係的占卜

SPREAD
5

六芒星
▶ 90頁

確認自己
正處於何種狀態

SPREAD
6

凱爾特十字
▶ 91頁

深度解讀
「走向」「前途」

SPREAD
7

神諭卡 × 塔羅牌
▶ 92頁

「六芒星」的
應用技法

SPREAD
8

雷諾曼卡 × 塔羅牌
▶ 94頁

加強「比率」「日期」
等數字方面的結果

SPREAD
9

撲克牌 × 塔羅牌
▶ 98頁

深挖專用！
想要追根究柢時

SPREAD
10

杏花牌陣
▶ 100頁

洗牌和切牌要看重心情♪

用塔羅牌占卜時的洗牌、切牌有很多種作法與規則，不過原則上都很自由！洗牌和切牌的目的在於將牌卡充分混合，因此各位完全可以按當天的心情，改變洗牌的方式。如果感覺混得還不夠徹底時，再洗一次也行！

由此可見，塔羅盤占卜基本上相當自由，占卜時最重要的只有你本身是否感到舒適。請在放鬆且情緒穩定的狀態下洗牌。

本節我將紹基本的洗牌和切牌方法。

① 在桌子上以順時針方向洗3圈以上，慢慢地混合牌卡

把所有牌卡背面朝上放到桌上後，用雙手朝順時鐘方向攪和3圈以上來洗牌。此時請穩定情緒，一直洗到你自己覺得已充分混勻為止。

② 整理牌卡

把充分混勻的牌卡集結、整合成一疊。這時若覺得有些在意，你也能像切撲克牌那樣再洗幾下，徹底洗到自己滿意為止！

③ 把牌卡分成三堆後，再合成一疊

將牌卡分成三堆擺好後，再按自己喜歡的順序重新合成一疊。這個步驟不管是直放、橫放、用左手或右手都沒關係！請按自己覺得方便、能接受的方式進行。

④ 決定上下方向後，擺出牌陣

整理牌組，決定上下方向。按照你選擇的牌陣依序排列。為了確保牌卡的上下方向不變，請左右翻牌。

替他人占卜時，應由提問者決定上下方向

替朋友或家人占卜時，建議要讓提問者自己決定牌卡的上下方向。此外，牌陣應擺在占卜者（如果是你替朋友占卜，那麼就是你本人）容易看清楚的位置。

洗牌時有牌卡掉落該怎麼處理？

如果事先已決定「不撿飛出來的牌卡（跳牌）」，那麼就直接將其收回牌堆中繼續洗牌！而要是很介意，你也可以將其視為牌卡想傳達給你的訊息加以確認，作為解牌的參考。

單張牌

初學者請從這裡開始！

心中默唸一個煩惱或問題後，抽出1張牌卡來解讀。這種牌陣能占卜的內容很廣泛，例如「今日運勢」「對方的心情」等。由於方法簡單，很適合反覆操作，以練習擴大解釋的範圍。

占卜方法

1 洗牌並切牌，決定牌卡的上下方向後收成一疊。做好準備後，請在心中默唸想問的事情。

2 抽出牌堆中最上面的那張牌卡。也可於展牌後，從中挑選1張。

單張牌陣的意義

單張牌是最簡單、輕鬆的占卜方式，它能針對你在心中默唸的問題，馬上給出清晰又明確的答案。這種牌陣也有助於熟悉各張牌卡的意思，尤其建議新手能把單張牌的占卜，當作每天的例行公事。

問題範例
- ●我想知道今天的幸運物。
- ●出門的話要去哪裡好？

Point 用單張牌占卜時，最重要的是要清楚自己想知道什麼，提出明確的問題。你可以在腦中好好思考，以免提問內容模糊不清。或是直接把問題說出來也沒關係！

兩張牌

單靠兩張牌就能清楚得到結果和辦法！

想預測未來，又想知道有什麼建議或辦法能應對時，就可以使用這個牌陣。新手可以先只用大阿爾克納來占卜。解牌時不要只單看2張牌各自的意思，交叉解讀兩者間的關聯性，更能拓大解釋範圍。

占卜方法

結果

辦法／建議

1 洗牌並切牌，決定牌卡的上下方向後收成一疊。

2 把牌堆由上往下數的第7張放在①，接下去的第8張放在②的位置。

兩張牌陣的意義

①結果

針對提問內容，顯示接下來將會有怎樣的結果。此外，也藏著造成該結果的理由。

②辦法／建議

根據①的結果，給出該如何應對的建議或提示。

問題範例 | ●何時是換工作的好時機？
●與現在的對象結婚後會順利嗎？

Point　兩張牌不只能回答戀愛相關的問題，工作、人際關係或興趣等也都能占卜。不管「結果」的內容如何，都請從「辦法／建議」的那張牌解讀出更好的處理方式吧。

時間之流

解讀過去、現在、未來的線索

時間之流牌陣能解讀出運勢的流動，它能告訴我們該煩惱或課題將如何演變。各位可從牌卡圖畫的主題或印象等，找尋3張牌的共通點，進一步拓展解釋範圍。

占卜方法

過去
（原因）

現在
（結果）

未來
（建議）

1 洗牌並切牌，決定牌卡的上下方向後收成一疊。

2 移開上面的6張，從第7張起抽出3張，在①②③放牌。

時間之流牌陣的意義

①過去（原因）

牌卡將顯示占卜者當時的狀況等，例如產生煩惱的原因或當時的狀態。

②現在（結果）

顯示現在狀況、占卜者心情或狀態。也可能顯示出你心中真實的想法或問題點。

③未來（建議）

告知未來3個月內可能會發生的事。同時也能獲得一些提示。

問題範例
- 我忘不了分手的前男友。請問我未來該怎麼做？
- 我該如何才能把借給熟人的錢要回來？

Point 當你的問題是想從過去、現在的牌卡了解事情原委，同時也想獲得近期的建議時，就很適合用這個牌陣。如果想知道得更詳細，也可以用「神諭卡×塔羅牌」（P92）或「撲克牌×塔羅牌」（P98）的牌陣。

二擇一

SPREAD
4

在兩者間猶豫不決時

當在兩個選項之間猶豫不決時，此牌陣能告訴我們各個選項的未來發展。選項設定可以是人物、事情或地點。各位可根據靈感，決定由誰來擔任 A 或 B 選項。

占卜方法

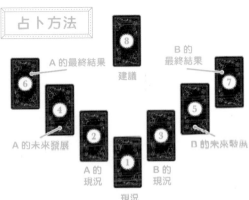

B 的
最終結果

A 的最終結果

建議

⑥

④

A 的未來發展

⑧

⑤

⑦

②

③

B 的未來發展

①

A 的
現況

B 的
現況

現況

※只用大阿爾克納占卜時，擺到⑤之後，請先移開牌堆上的6張牌，再繼續於⑥⑦⑧放牌。

1 洗牌並切牌，決定牌卡的上下方向。先在心中設定好 A、B 選項。

2 移開上面的6張牌，從第7張起依序在①②③④⑤放牌，再移開6張牌，並在⑥放牌，再移開6張牌，並在⑦放牌；最後再移開6張牌，在⑧放牌。

二擇一牌陣的意義

①現況

顯示目前的情況，呈現為選項煩惱的占卜者當下的心情或態度。

②A的現況

選項A目前的狀況。如果該選項是指某個人，就代表他的心情或態度。

③B的現況

選項B目前的狀況。如果該選項是指某個人，就代表他的心情或態度。

④A的未來發展

做出A選擇後，不久將發生的事或情況的發展。

⑤B的未來發展

做出B選擇後，不久將發生的事或情況的發展。

⑥A的最終結果

選擇A之後的最終情況或結果。

⑦B的最終結果

選擇B之後的最終情況或結果。

⑧建議

根據前面幾張牌面的內容，提出整體性建議。

六芒星

一對一單純人際關係的占卜

此牌陣很適合用來占卜一對一的單純人際關係，例如情感契合度、戀情發展或是與對方發生問題時的突破口。它能讓我們了解對方的心情，同時給出解決辦法。

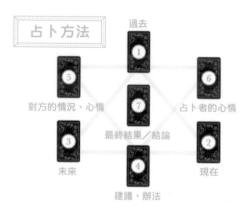

占卜方法

過去 ①
⑤ 對方的情況、心情
⑥ 占卜者的心情
⑦ 最終結果／結論
③ 未來
② 現在
④ 建議、辦法

1 洗牌並切牌，決定牌卡的上下方向後收成一疊。

2 移開上面的6張牌，從第7張起在①②③放牌。

3 再移開6張牌，從第7張起在④⑤⑥⑦放牌。

六芒星牌陣的意義

①過去

表示兩人的關係和過去的情況。其中也可能隱含著事情演變至此的原因。

②現在

表示兩人之間的現況和關係。可以看出雙方內心的想法。

③未來

占卜兩人在不久後將如何發展。觀察③和⑦是否出現有發展性的牌卡，並加以解釋。

④建議、辦法

顯示未來該如何因應，才能往好的方向發展。建議先分析⑤和⑥後再解讀。

⑤對方的情況、心情

對方對此問題抱持的心情。跟⑥一起解讀就能釐清雙方的權力關係。

⑥占卜者的心情

你對此問題的真實想法。跟⑤一起解讀就能找到煩惱的根源。

⑦最終結果／結論

預測最終的結果。表示經過③以後，事情將如何發展。

凱爾特十字

確認自己正處於何種狀態

此牌陣能用於深挖你自身所處的狀況，例如了解周圍人、對方的心情，抑或是尚未察覺的事、隱藏的癥結點等。它能深入解讀煩惱的原因，以及未來該怎麼做。

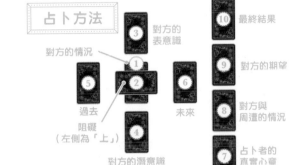

占卜方法

③對方的表意識
對方的情況
①
②
⑤ 過去
阻礙（左側為「上」）
④ 對方的潛意識與感受
⑥ 未來
⑩ 最終結果
⑨ 對方的期望
⑧ 對方與周遭的情況
⑦ 占卜者的真實心意

1 洗牌並切牌，決定牌卡的上下方向後收成一疊。

2 只有準備在⑦放牌之前，需移開牌堆上的6張牌，從第7張開始擺放。

凱爾特十字牌陣的意義

①對方的情況
表示目前的情況或具體的煩惱。

②阻礙
表示此問題所引起的阻礙等等。

③對方的表意識
代表對方自己也有清楚意識到的心情。

④對方的潛意識與感受
暗示對方沒有意識到的事情或想法。也可能透露出對方真實的願望。

⑤過去
代表與此問題有關的過去情況，也能看出問題的原因。

⑥未來
預示情況若繼續下去，事情將如何發展。

⑦占卜者的真實心意
請把這張牌當作直面自己心情的契機。

⑧對方與周遭的情況
顯示對方或旁人的想法。

⑨對方的期望
透過③④的牌義，暗示對方的期望，以及未來的心情變化。

⑩最終結果
最終結果。除了這張牌外，你也可以再抽1張建議牌。

91

神諭卡 × 塔羅牌

深度解讀「走向」「前途」

這是時間之流牌陣的應用型，做法是把塔羅牌和語源為「神之話語」的神諭卡相結合來進行占卜。此牌陣比較適合用來占卜內容較不複雜的問題。比起時間之流牌陣，它能更深入地解讀「過去」「現在」「未來」的運勢走向或問題的變化。此外，在敲擊神諭卡時，建議可以帶著「請出來」的想法敲敲看。

過去（原因）

現在（結果）

未來（建議）

神諭卡是用來
分別補充其
正上方的塔羅牌！

④⑤⑥（神諭卡）

主題／重要事項／需關注的重點／訊息或提示

占卜方法

1

替塔羅牌洗牌並切牌，決定牌卡的上下方向後收成一疊。

2

移開塔羅牌堆上面的6張牌，從第7張起拿3張，依序在①②③攤牌。

3

將神諭牌放到桌上，再尚未混合的狀態下，於牌堆上敲擊2下，接著再開始洗牌（你也可以憑感覺看是要敲1下或2下都行）。

4

把在洗牌時飛出的3張跳牌擺在④⑤⑥的位置。若是沒有出現跳牌，也可以直接從上方拿3張放在④⑤⑥上，隨後按順序攤牌。

神諭卡 × 塔羅牌的牌陣意義

①過去（原因）

代表你正在煩惱的事情或該煩惱產生的原因，以及當時的情境或心情。

②現在（結果）

顯示現況或占卜者的心情和運氣。有時也會顯現出內心的心理狀態或需要解決的癥結點。

③未來（建議）

預示接下來3個月內將發生的事。占卜者也可藉由解牌得知應對的方法。

④⑤⑥主題、提示

從④⑤⑥能得知①②③各自的主題、重要事項外，也能從中獲得應關注的重點或訊息、提示。

問題範例
●該選擇哪裡升學（就業）？
●想知道交往對象的心情。

雷諾曼卡 × 塔羅牌

「六芒星」的應用技法

「六芒星」通常用於深度占卜與特定對象間的關係,而「雷諾曼卡 × 塔羅牌」則是它的進化形牌陣。占卜時除了塔羅牌外,還能透過解讀雷諾曼卡,進一步深挖「過去」「現在」「未來」等各個時期的狀況。

塔羅牌

過去

1

對方的情況、心情

5

占卜者的心情

6

7

最終結果／結論

未來

3

2

現在

4

建議、辦法

占卜方法

1

替塔羅牌洗牌並切牌，決定牌卡的上下方向後收成一疊。

2

用塔羅牌擺出六芒星牌陣（參照P90）。

3

將雷諾曼卡堆成一疊（牌卡不分正位、逆位）。

4

移開牌堆上的6張牌，從第7張起依序擺出9張，隨後按順序攤開。

雷諾曼卡

過去的走向 　　　　現在的走向 　　　　未來的走向

某件事

某件事

某件事

因為什麼

因為什麼

因為什麼

變成了這樣

變成這樣

將變成這樣

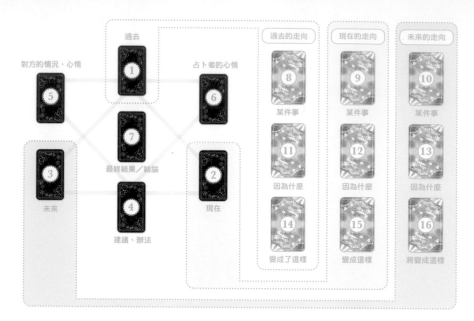

何謂雷諾曼卡

　　雷諾曼卡是由36張牌卡構成的占卜牌組。18世紀的法國占卜師安妮・阿德萊德・雷諾曼很擅長用這副牌組進行占卜，於是人們便用她的名字替牌組命名。雷諾曼卡的特色是圖畫非常簡單，其中不乏花束、雲朵或信件等現實生活中的事物，因此任何人都很容易憑直覺來解讀該牌卡具有何種意義或建議。此外，有別於塔羅牌，雷諾曼卡並沒有正逆位之分，無論朝哪個方向意思都一樣。

問題範例

● 分手後的伴侶前來求復合，我該怎麼做才好？
● 和摯友的關係緊張，有什麼解決辦法？
● 一個我多年認為是朋友的人向我告白，我該與那個人交往嗎？

雷諾曼卡 × 塔羅牌的牌陣意義

①過去

表示兩人過去的關係和情況。搭配⑧⑪⑭能深入解讀演變成該情況的走向。

②現在

表示兩人間的現況和關係。搭配⑨⑫⑮能看出演變成現在這樣的走向。

③未來

顯示兩人在不久後將如何發展。搭配⑩⑬⑯能更深入地占卜出未來走向。

④建議、辦法

顯示有什麼辦法或提示，能讓占卜內容或兩人的關係、狀況往好的方向發展。

⑤對方的情況、心情

代表對方對此問題抱持的心情。

⑥占卜者的心情

你對此問題的真實想法。

⑦最終結果／結論

能解讀出最終將演變成怎樣的結果。

⑧⑪⑭過去（的走向）

根據「某件事」⑧、「因為什麼」⑪、「變成了這樣」⑭的走向，解讀①所顯示的過去狀況或關係。

⑨⑫⑮現在（的走向）

根據「某件事」⑨、「因為什麼」⑫、「變成這樣」⑮的走向，詳細分析②所顯示的兩人現況和關係。

⑩⑬⑯未來（的走向）

掌握「某件事」⑩、「因為什麼」⑬、「將變成這樣」⑯的走向，進一步占卜③所顯示的兩人未來近況。

新手建議

請把雷諾曼卡當成關鍵字，
塔羅牌則用於細緻的心理描述

塔羅牌肩負詳細傳達複雜狀況的角色，雷諾曼卡則是會清楚傳達「什麼事情正在發生」。將兩者加以結合，就能得到更明確的解釋！

撲克牌 × 塔羅牌

加強「比率」「日期」等數字方面的結果

此牌陣和「神諭卡 × 塔羅牌」一樣，都是時間之流牌陣的應用型。「撲克牌 × 塔羅牌」最大的特徵和強項是能將「過去」「現在」「未來」的運勢走向或問題變化，顯示成比率、日期等具體的「數字」。此外，我們也可以把撲克牌的花色，置換成塔羅牌的 4 種花色來加以解讀。

塔羅牌

過去（原因）　　　現在（結果）　　　未來（建議）

撲克牌

撲克牌是用來
分別補充其
正上方的塔羅牌！

④⑤⑥（撲克牌）
對應該問題的比例／具體數字、日期

花色對應
♠ 寶劍　　♥ 聖杯
♣ 權杖　　♦ 錢幣

占卜方法

1

一開始先替塔羅牌洗牌並切牌，決定牌卡的上下方向後收成一疊。

2

移開塔羅牌堆上面的6張牌，從第7張起取3張放在①②③的位置，接著依序攤牌。

3

撲克牌洗牌後，於④⑤⑥放牌，隨後依序攤牌。這時無論你是想要像神諭卡一樣，敲擊後洗到跳牌出現為止，又或是進行一般洗牌後，直接從上方拿牌卡來擺都可以。當然你也可以移開牌堆上面的6張牌，從第7張起開始擺放。請以輕鬆的心情，按自己喜歡的方式放牌。

撲克牌 × 塔羅牌的牌陣意義

①過去（原因）

代表你正在煩惱的事情或該煩惱產生的原因，以及當時的情境或心情。

②現在（結果）

顯示現況或占卜者的心情和運氣。有時也會顯現出內心的心埋狀態或需要解決的癥結點。

③未來（建議）

預示接下來3個月內將發生的事。占卜者也可藉由解牌得知應對的方法。

④⑤⑥主題、提示

④⑤⑥將分別針對①②③，顯示比例、日期等具體數字。此外，撲克牌的4種花色也分別對應塔羅牌的花色，占卜者能透過解讀其寓意，搭配數字進一步加深對占卜結果的理解。

問題範例

●與在意對象修成正果的機率？

SPREAD
10

杏花牌陣

深挖專用！想要追根究柢時

此牌陣的長處是分析兩個項目，例如「過去狀況、未來狀況」「A之下（的發展）、B之下（的發展）」「整體運勢、戀愛運勢」。它不僅能用來深度挖掘各種狀況，還能解讀出數字、日期、重點或提示。而且不只塔羅牌，用雷諾曼卡、神諭卡、遊戲類卡片等各類牌卡也都能占卜。

〔左側〕
過去、A情形、整體運勢等

〔右側〕
未來、B情形、戀愛運勢等

提示 7 1 4 8 提示

⑪⑫現況 2 11 13 12 5

最終結果

數字、日期 9 3 6 10 數字、日期

①②③
過去狀況／A的現狀／A之下的發展／整體運勢

④⑤⑥
未來狀況／B的現狀／B之下的發展／戀愛運勢

100

占卜方法❶　牌卡排法

1

洗牌並切牌，決定牌卡的上下方向後收成一疊。

2

移開牌堆上的6張牌，從第7張起，取3張放在①②③的位置。

3

重複步驟2的動作，從剩餘的牌堆上面移開6張牌，從第7張起，取3張放在④⑤⑥的位置。

4

再移開牌堆上面的6張牌，將第7張擺在⑦的位置。隨後的⑧⑨⑩也一樣繼續放牌。

5

再次移開牌堆上面的6張牌，從第7張起，取2張牌擺在⑪⑫的位置。

6

最後一次移開牌堆上面的6張牌，把第7張擺在⑬的位置。至此牌陣便告完成。

占卜方法❷　攤牌方式

1

把最終結果⑬暫時拿到一旁後，先從⑪⑫開始攤牌，查看這2張牌的組合。

2

攤開①②③，查看這3張牌的組合。接著再繼續攤開⑦⑨。

3

攤開④⑤⑥，查看這3張牌的組合。隨後繼續攤開⑧⑩。

4

最後再揭開⑬。

[左側]
過去、A情形、
整體運勢等

提示

7 1

2

9 3

數字、日期

①②③

過去狀況／A的現狀／A
之下的發展／整體運勢

〔右側〕
未來、B情形、
戀愛運勢等

提示

4 8

5

6 10

數字、日期

④⑤⑥

未來狀況／B的現狀／B
之下的發展／戀愛運勢

11 12

現況

13

最終結果

杏花牌陣最大的特色，主要就是透過［左側］和［右側］的陣型，一次性占卜兩個相對的事項。此外，這個陣型也是作者的構想，希望在所牌卡攤之後，整個牌陣的色調和形狀能如同花朵（杏花）般絢爛。

問題範例

●最近和母親的關係緊張，請問我該怎麼辦？
●和初戀在同學會上重逢，請問我該採取行動嗎？
●我已接受對方的求婚，請問我能與對方的雙親住得和睦嗎？
●我該繼續現在這份工作，還是應該要另尋新的開始？

杏花牌陣的意義

①②③過去狀況、A情形之下、整體運勢

代表「過去狀況」「A情形的現狀」「A之下的發展」「整體運勢」等項目，請以①②③這3張牌的組合來解牌。

④⑤⑥未來狀況、B情形之下、戀愛運勢

代表「未來狀況」「B情形的現狀」「B之下的發展」「戀愛運勢」等項目，請以④⑤⑥這3張牌的組合來解牌。

⑦（左側）的提示

針對〔左側〕的相關內容，顯示最好要注意、重視的事情或者提示。

⑧（右側）的提示

針對〔右側〕的相關內容，顯示最好要注意、重視的事情或者提示。

⑨（左側）數字、日期

針對〔左側〕的相關內容，暗示具體的數字或日期，諸如「過去曾發生什麼」「A何時會採取行動」等。

⑩（右側）數字、日期

針對〔右側〕的相關內容，暗示具體的數字或日期，諸如「未來將發生什麼」「B何時會採取行動」等。

⑪⑫現況

這2張是顯示現狀的牌卡，你可以替它們做綜合解讀，也能把⑪⑫分別看做〔左側〕〔右側〕各自的現況。

⑬最終結果

顯示最終結果。能獲取整體概況、主題等大範圍的意義。

新手建議

用製作可愛花形的心情
來占卜，別想得太難！

看到這麼多張牌，不免會讓人覺得很困難。建議新手可以想成用牌卡擺出花朵造型，以輕鬆的心情來面對。此外，由於牌陣傳達的資訊量很大，不妨以解謎的心態來享受。

PART
2
教教我！杏花栗子！

揭露杏花栗子獨創「杏花牌陣」
與在 Twitter 連載「星座塔羅占卜」的祕辛！

Q 想問發明 「杏花牌陣」 的原委？

A 我個人的占卜方式基本上是屬於「深挖型」，因此過程難免會出現牌數過多，或多張牌卡相互交疊的狀況，於是我便基於「有沒有什麼方法能讓牌陣緊湊美觀」的想法，明出了「杏花牌陣」。它不僅能算出過去、現在、未來以及日期、數字，也很擅長同時占卜兩件事物。單靠一個牌陣就能占卜出各式各樣的內容，是我在構思此牌陣時努力的目標。此外，在設計的最後我還有留意讓牌陣看起來就像是一朵絢爛花朵的形狀。不僅粉絲，聽說就連專做占卜類主題的 YouTuber 也有使用這個牌陣，這讓我感到非常開心！

Q 請問開始做 「星座塔羅占卜」 的始末？
以及您是如何占卜的呢？

A 「星座塔羅占卜」是我獨門的占卜術，方法是把 12 星座各自的特徵，與塔羅牌四花色的特性相互結合。根據星座各自特徵與當時出現的塔羅牌結果，我就能精準得出各星座心理狀態的實時結果。至於開始這項占卜的起因，則是有位朋友曾向我表示「不太能接受被框架限制的占卜」，於是我便想到要是不想僅受限於12 星座的框架，也許能結合每次占卜結果都不同的塔羅牌，這樣就能跳脫固有觀念的束縛。加上我希望能藉由每天連載，幫助大家稍稍減輕不安或痛苦，所以才決定在Twitter(@anzumaron_twit) 上更新，方便大家能看到實時的占卜結果。

※關於「星座塔羅占卜」的詳細內容，請見《星座塔羅占卜 2023》(KADOKAWA)。

Part
3

實際案例解析

本章將介紹作者根據實際諮詢案例
給出的解牌結果。

我喜歡上了一位直播主

　　我現在有一位很喜歡的直播主。以前，我剛開始寫讓他在直播時讀的劇本時，他都會讀。但在發生了某件事後，他就不再讀我的劇本，時間就這樣過了1年。隨後他整理了社群帳號的追蹤者，但我發現他並沒有追蹤我，這讓我很煩惱自己是不是被討厭了。

　　之後，我藉著見面會的機會直接向他道歉，而他也原諒了我。接著再另一場見面會上，雖然他說他會讀我的劇本，但現況仍和以前一樣沒什麼變化，我每天都為此十分苦惱。

　　最近他偶而也會讀我的劇本，但我們沒能回到只要我寫，他就一定會讀的關係。可是我真的好喜歡他。我該怎麼做才能回到以往的狀態呢？我和他已經沒戲了嗎？

（30多歲／女性）

　　　　　如果想追加問題時，該怎麼做？

　　用單張牌陣占卜時，如果想追加問題或無法接受結果時，請再次洗牌後，選一張在意的牌卡再次進行解牌。這麼做能獲得更詳細的應對方式或解決辦法，提示也會更加明確。

單張牌

問題 ▶ 我們能回到以前的狀態嗎？

寶劍侍者 （逆位）

有恢復到以往關係的跡象

　　對方的警戒心非常強。但這並不是針對妳，而是怕與粉絲傳出緋聞會影響到他的直播活動。為避免這種情況發生，即使他對妳並不反感，也會擺出極為謹慎的態度以免活動受阻。我想他絕對沒有討厭妳。當對方稍微放卜緊戒心後，就會像往常一樣讀妳寫的劇本了哦。

answer

3個月內他又會開始讀妳的劇本並回應妳，
還請放心。

關於離婚後的生活

諮詢 2

　　我是一位有3個孩子的40歲媽媽。因為丈夫的精神暴力和家庭內分居的行為，現在正在走離婚調解。想問離婚之後，我有機會找到一位能溫柔接納我和孩子的伴侶嗎？我希望每天的生活能過著安穩又溫馨，這有可能實現嗎？希望妳能給我一些適當的建議。

（40多歲／女性）

SPREAD 2 兩張牌

問題 離婚後能過上安穩的生活嗎？

❶結果

寶劍九　逆位

❷建議

錢幣十　正位

❶結果
寶劍九　　　逆位

妳的現狀是有時候晚上會因為過於苦惱或不安而難以入眠，不過未來妳將能脫離這樣的狀況。

❷建議
錢幣十　　　正位

妳似乎正處於身心俱疲的狀態，建議可以在合理的範圍內，嘗試創造能一個人放鬆的時光。

感到疲憊時，請創造能獨自放鬆的時間

　　雖然妳現在的處境相當艱辛也非常煩惱，但「寶劍九」以逆位出現，代表妳已經快要能脫離目前的情況。離婚後，妳一定能過上安穩的生活。同時正位的「錢幣十」也預示妳和未來的新伴侶能建立與家人一起長久生活的關係，妳們將擁有三代同堂還有寵物陪伴的溫馨家庭。此外，金錢方面的煩惱也將獲得解決，經濟上無須擔心。

　　我建議當妳的身體或心靈感到疲憊時，不妨在適度的範圍內，刻意規劃能獨自好好放鬆的時間（例如騰出喝杯咖啡等喘口氣的時間）。度過一段安穩的時光有助於療癒心靈。推薦妳可以嘗試慢慢接觸些自己喜歡或能讓心情平靜下來的事物，每天沒有壓力地過日子，生活自然就會往好的方向發展哦。

answer

妳一定能找到新的伴侶。
也能擺脫經濟上的煩惱，過上安穩的生活。

諮詢 3

我能與現在的對象再婚嗎？

我因為想再婚而參加了各種聯誼活動，很幸運地我遇到了一位發展到見面的對象。隨後我向她告白，對方也答應了。然而這陣子因為她有身體不適和新冠疫情導致工作銳減等煩惱，我們的關係遲遲沒有進展。雖然我們仍有持續用LINE和郵件保持聯絡，但最近都無法直接見面來加深信任，這讓我感到很苦惱。請告訴我，我們未來有可能結婚嗎？

（60多歲／男性）

SPREAD 3　時間之流

❶過去、原因

世界 正位

❷現在、結果

聖杯四 逆位

❸未來、建議

權杖侍者 正位

❶ 過去、原因

世界 正位

「世界」以正位出現代表「完成」「兩情相悅」「伴侶關係」，表示對方也和你一樣希望能結婚。

❷ 現在、結果

聖杯四 逆位

你正感到不安。對方也同樣覺得不安，她正試圖告訴你造成她不安的原因。

❸ 未來、建議

權杖侍者 正位

對方最終會向你傳達她的熱切思念，以及她未來的打算。

請嘗試理解對方的煩惱

就結論來說，二位終能邁入婚姻殿堂。對方也期望著有你的未來，她正以結婚為前提，想與你攜手共度接下來的人生。正位的「世界」暗示兩人能建立彼此信任的關係。

不過現在原地打轉的狀況讓你很辛苦吧？對方也正擔心自己會不會被你討厭。她之所以告知身體不適、工作銳減等煩惱，就是因為她想真誠地面對你，其背後意味著：「即使我這個樣子，你是還願意嗎？」

大約3個月後，你們的關係將往積極的方向發展，對方將正式傳達她的想法，還請放心。

answer

大約3個月後，
對方會傳達她的想法，關係將往積極的方向發展。

諮詢 4　我應該把祕密告訴男友嗎？

　　我現在有一位交往2個月的男友。

　　我們恰逢適婚年齡，關係也很好，但我過去曾犯下一個難以向他開口的錯誤。

　　雖然我並不想欺騙他，但我認為我這個人沒有結婚生子的權利，為此我時常感到惴惴不安。

　　請告訴我接下來該怎麼做才好？

（30多歲／女性）

SPREAD 4

二擇一

A：把祕密告訴對方

❻告訴的最終結果
寶劍七
逆位

❹告訴的中途狀態
魔術師
逆位

❷告訴不久之後
命運之輪
逆位

❽建議
寶劍騎士
逆位

❶妳的現況
寶劍一　逆位

B：不把祕密告訴對方

❸不告訴的現況
錢幣六
正位

❺不告訴的近期發展
寶劍三
正位

❼不告訴的最終結果
聖杯六
正位

❶妳的現況　　　　　　　　　　　　　寶劍一　逆位

即使妳是有判斷力、意志力堅定的人，但這樣的現況仍會十分煩惱。

❷A:告訴不久之後　命運之輪 逆位　　**❸B:不告訴的現況**　錢幣六 正位

非常在意對方的看法。　　　　　　　　　願為了某人奉獻一切的態度。

❹A:告訴的中途狀態　魔術師 逆位　　**❺B:不告訴的近期發展**　寶劍三 正位

想太多、心驚膽顫的狀態。　　　　　　　正在思考、煩惱的狀態。

❻A:告訴的最終結果　寶劍七 逆位　　**❼B:不告訴的最終結果**　聖杯六 正位

收到對方感謝的話。　　　　　　　　　　與心情妥協。

❽A:建議　　　　　　　　　　　　　　　寶劍騎士　逆位

不要受周圍意見左右，請誠實面對自己的心情來採取行動。

無論選哪一邊，妳都能與自己妥協

　　妳平時是個有判斷力、做事努力且意志堅定的人，然而即使有這些特質，現在的處境也會讓妳十分煩惱。

　　以下是對A「把祕密告訴對方」和B「不把祕密告訴對方」的分析。

　　A從結果上來說很不錯，但過程中無論對方說自己多麼不在意，妳仍會有所懷疑，需要花點時間才能與自己的情緒妥協。最終對方會感謝妳向他坦白的行為。B的狀況下，妳會因沒有向他坦白而心生芥蒂，這樣的心情將促使妳產生想為某人奉獻一切的態度，例如幫助某人、聽某人的煩惱，或是協助對方的事業等。妳希望透過這些行為來與自己妥協。

　　結論上沒有人會受傷，因此無論選哪邊都沒關係。建議妳先放下周圍意見或一般見解，好好思考自己想怎麼做。不管說還是不說都無關善惡，還請放心地過日子。

answer

沒有人會受傷，妳可以按自己的想法行動！

諮詢 5

我正在單戀學生時代的老師

　　我無法忘記一位大我七歲的專科學校老師。從專科學校畢業後，我和老師已經約有1個月沒見。當時我嘗試約老師吃飯，還有在SNS和LINE上互動的種種，讓我意識到自己喜歡上了老師。雖然我們現在都是成年人，但本來的師生關係，讓我不會馬上就想和對方有怎麼樣的發展，不過我也覺得要是就這樣保持沉默的話，關係不太可能更進一步。

　　如果我就這樣乖乖等待，事情會有什麼進展嗎？還是我必須要採取行動才會有進展呢？

　　說到底，我到底沒有機會呢？

（20多歲／女性）

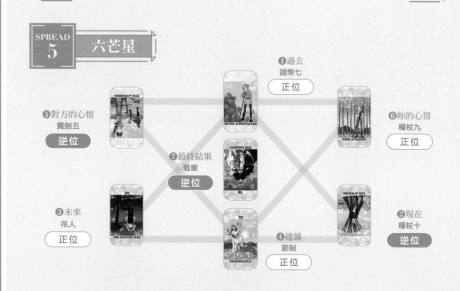

SPREAD 5　六芒星

① 過去
錢幣七
正位

⑤ 對方的心情
寶劍五
逆位

⑥ 妳的心情
權杖九
正位

⑦ 最終結果
戰車
逆位

③ 未來
吊人
正位

② 現在
權杖十
逆位

④ 建議
節制
正位

❶過去

錢幣七
正位

為了關係發展，只能先靜觀其變。

❷現在

權杖十
逆位

阻礙或壁壘已經消失，關係正在發生變化。

❸未來

吊人
正位

暗示儘管狀況嚴峻，仍能找到解決辦法。

❹建議

節制
正位

巧妙掌握好傾聽者與傾訴者便能有好結果。

❺對方的心情

寶劍五
逆位

已經感受不到與妳之間隔著的那堵牆。

❻妳的心情

權杖九
正位

不能再更進一步的想法讓妳感到怯懦、不安，但又不想放棄。

❼最終結果

戰車
逆位

限制已消失，和對方聊天、吃飯等活動能讓雙方關係突飛猛進。

3個月內將出現讓雙方面對面的突破口

對方過去曾認為當然不能和身為學生的妳發展成特殊關係，這是種背叛的行為。但如今妳已成年，師生關係的障礙也消失無蹤，自然也就沒有罪惡感了。

兩人之間的壁壘、阻礙已經消失，接下來的階段，雙方將能以成年人的身分面對彼此。此外，對方正非常認真地在思考該如何增進與妳的關係，且在未來3個月內有機會能找到突破口。妳不需要有很大的動作，但要是由妳主動連絡時，聊聊學生時代的話題或打聲招呼都有助於恢復以往順暢溝通的關係。請試著慢慢培養兩人的關係吧。

answer

對方是個很真誠的人！
雙方的距離會漸漸縮短，請慢慢培養感情。

諮詢 6　我想解決一個困擾我 20 年的朋友問題

　　大學時代，我聽朋友說她和某人成為了朋友，於是我便說自己也想要見那個人，卻被朋友敷衍過去。後來我一逮到機會就說希望能見那個人，結果在我的窮追猛打之下，我和朋友的關係交惡，最終我也沒能見到那個人，時間就這樣過了好幾年。

　　之後，當我聽說那位朋友結婚生子時，我不猶地想自己到底在做些什麼。我時不時會覺得自己是否有人格上缺陷，過了 20 年，至今我仍無法從這煩悶的情緒中跳脫出來。原因連我自己也搞不清楚了，我希望能找到從這種狀況脫身的契機。

（40多歲／女性）

SPREAD 6　凱爾特十字

❶朋友的狀況　聖杯五　逆位
❷阻礙或辦法　正義　正位
❸朋友的表意識　隱者　正位
❹朋友的潛意識　錢幣三　逆位
❺過去　錢幣八　逆位
❻未來　聖杯十　正位
❼妳的真實心意　女皇　正位
❽朋友的情況　聖杯八　逆位
❾朋友的期望　審判　正位
❿最終結果　惡魔　逆位

❶朋友的狀況　聖杯五　逆位

朋友現在也很後悔當時的事情。

❷阻礙或辦法　正義　正位

盡可能嘗試轉換心情。

❸朋友的表意識　隱者　正位

思考本就不太靈活、容易封閉自我的類型。

❹朋友的潛意識　錢幣三　逆位

至今仍很在意過去沒處理好的事。

❺過去　錢幣八　逆位

朋友當時正處於沒有餘裕、難以集中精神的狀態。

❻未來　聖杯十　正位

近期將有機會溝通。

❼妳的真實心意　女皇　正位

妳其實很擅長愛人，或妳其實正被愛著。

❽朋友的情況　聖杯八　逆位

難以忘記對妳的冷漠態度。

❾朋友的期望　審判　正位

希望能重歸於好，正常、開心地聊天。

❿最終結果　惡魔　逆位

妳能跳脫這種煩悶的情緒。

朋友也很後悔，妳們一定能和好哦

　　朋友現在也很後悔曾用無情的態度對妳。她行為背後的原因並不是討厭妳，而是當時心中有許多其他的問題，導致她沒有餘力好好處理。妳的朋友似乎本來思考就比較不靈活。此外，妳本具有受周圍人喜愛所需的特質。這樣的妳居然認為自己有人格缺陷，想必這件事真的讓妳十分痛苦。當然，如果妳不這麼認為，也不用勉強自己接受沒關係的。

　　在不遠的未來，妳們將能正常、友好地對話，或有機會能夠溝通。就結論而言，妳將能脫離這個狀態，還請放心。

---

answer

妳一定能脫離這種煩悶的狀態！
也能和朋友達成和解，還請放心。

面對夜場工作的心態
以及今後發展

　　我從事的是夜場工作。這份職業本就淡旺季明顯，但最近受新冠疫情影響，沒事幹的日子成了家常便飯。雖然我並不迷信，但還是希望能替我占卜一下心情等等。對於這份人們多有偏見的職業，還請多多指教。

（30多歲／女性）

SPREAD 7　神諭卡 × 塔羅牌

問題 未來我該抱持何種心態繼續這份工作？

TWO of CUPS

❶現在、建議
聖杯二　正位

❷補充、主題
28.Winter 鍛鍊

※本書使用的是「杏花栗子沙龍照片神諭卡」。神諭卡本身不分「正位、逆位」。

❶現在、建議

聖杯二　　正位

這份工作能透過與人聊天，獲得心靈上的溝通或新見識。妳很適合這份工作，可說是妳的天職。

❷補充、主題

28.Winter 鍛鍊

這張牌顯示有鑑於新冠疫情等全球的狀況和情勢，這份工作未來的發展可能十分嚴峻。

有機會邂逅心意相通、獨一無二的人物

　　考量到目前全球的情勢等，妳認為未來繼續這份工作可能會有困難吧。然而，妳的這份工作是一份非常棒的職業，它能透過與人聊天，獲得心靈上的溝通或新的見識，因此妳完全無需對此感到自卑。

　　此外，若繼續從事這份工作，妳將有機會能遇到戀人、朋友或商業夥伴等與妳心意相通的人物。這將是大好機會，請以積極的心態繼續下去。當然妳也不用勉強自己沒關係。建議妳可以一邊直面自己的心情，一邊按自己的步調從能做的事情開始著手。另外，找地方說出平時無法向任何人傾訴的話，不但能幫助宣洩壓力，也更容易想出解決辦法哦。這份工作對妳而言是「天職」，還請不要在意他人的偏見！請往妳相信的道路邁進吧。

answer

這份工作是妳的天職！請相信自己從事的是一份出色的職業，今後也抬頭挺胸地走下去吧。

諮詢 8

孩子是不是有什麼不安？
我可以結交媽媽友嗎？

　　結婚後我一直沒有孩子，是直到40歲那年才終於懷上。然而，明明他是我殷切盼到的孩子，卻因為性格上的諸多差異，致使我沒能溫柔對待他，還時常不小心發脾氣。

　　希望您能占卜一下我和孩子目前的狀態，以及未來我能採用什麼幸運色或幸運物，好讓自己變得沉穩些。

　　另外，孩子明年就要上小學，我想知道他是否對此感到不安？因為幾乎沒有同間幼稚園的朋友跟他上同一所學校，我很擔心孩子是否能馬上交到新朋友。還有我非常不會記人的臉，也不擅長淺而廣的社交模式，這樣的我也可以結交媽媽友嗎？

（40多歲／女性）

SPREAD 7　神諭卡 × 塔羅牌

❶關於孩子的事	❸補充、主題	❷關於妳的事	❹補充、主題
錢幣四	13.Summer 休息	權杖二	07.Spring 滿開
正位		正位	

❶關於孩子的事

　　　　　　錢幣四　正位

妳的孩子擁有信念、強烈執著，以及在某個專業領域登峰造極的天賦，自然能交到朋友。

❷關於妳的事

　　　　　　權杖二　正位

妳是一位能洞察未來、察覺人心細微變化的人，一定會有和妳和得來的人出現。

❸補充、主題

　　　　　　13.Summer休息

妳的孩子能和朋友暢所欲言，未來的交友關係也將更廣闊。

❹補充、主題

　　　　　　07.Spring盛開

迎接新環境時，妳和孩子都能迎來令人雀躍的發展。

妳能好好支持孩子的「任性想法」

　　妳的孩子擁有信念和強烈執著，他有天賦能在未來習得一項創意方面的技能，或是在某個專業領域登峰造極，因此只要往該方向好好培養，自然就能結交到志趣相投的朋友。

　　另外，妳則是一位能察覺人心細微變化的人。由於妳能夠洞察先機，將來一定會遇到能建立深厚關係的對象。牌卡暗示妳的世界將有拓展，所以那個人不僅限於同個班級，也可能是在懇親會或才藝班等場合會遇到的家長。

　　如果覺得跟對方不合，妳也能巧妙地劃清界線，無須擔心。至於孩子的性格方面，正所謂彼此性格不同，才能建立相互幫助的關係。

　　等孩子再長大些，他就能成為妳的助力哦。

answer

環境的變化使兩人都有所發展，
接下來妳們能一起愉快地享受生活。

諮詢
9

這是什麼靈異現象嗎？
還是什麼訊息？

　　我覺得自己遇到靈異現象，而且身體也不太好，還睡不太著。以下的事或許是惡作劇，但就在我開襟衫後面的左下方，不知道被誰用類似原子筆的東西塗鴉，明明我完全沒有感覺。去年的同個時期也有發生類似的事，這讓我感到脊背發涼。

　　我希望能占卜一下有沒有什麼驅邪的方法。

　　另外，如果這是什麼訊息的話，我想我會接受它。

（30多歲／女性）

SPREAD
7
神諭卡 × 塔羅牌

❶補充、
主題
12.Spring
思慮

❷補充、
主題
04.Spring
發現

❸補充、
主題
02.Spring
萌芽

❹過去（原因）
力量
逆位

❺現在（結果）
權杖三
正位

❻未來（建議）
寶劍二
逆位

❶補充、主題　　12.Spring 思慮

妳是個很擅長看透真相、探尋本質的人。

❷補充、主題　　04.Spring 發現

接觸大自然有助於舒暢心靈、緩解壓力。

❸補充、主題　　02.Spring 萌芽

這張牌代表細微的事物其實是重大線索。

❹過去（原因）　　力量 逆位

不小心過於謹慎，導致身心狀態不佳或感到疲勞。

❺現在（結果）　　權杖三 正位

建議前往開闊或能欣賞眺景的地點轉換心情。

❻未來（建議）　　寶劍二 逆位

請嘗試慢慢去面對這些令人煩悶的事物。

接觸大自然空氣有助於緩解壓力

　　當發生不可思議的事情時，人們似乎自然會往「休息」的方向想，例如覺得必須去一趟能量景點或神社。換言之，這次事件似乎是因為妳太過努力，於是它才來敦促妳應該要「休息」了。

　　牌卡顯示的訊息是：「是時候該去接受療癒了呢？」

　　我本身並沒有靈異體質，還請把這當做是牌卡給出的答案。要是妳仍感到不安，或者狀況已影響到日常生活，也許還是要去找妳能信任的對象諮詢。妳可以採取任何能讓自己安心的方法，建議妳從能做到的事情參考看看吧。

answer

**這或許是「差不多該療癒疲憊」的信號，
覺得影響日常生活時，也可以去找信得過對象諮詢看看。**

諮詢 10
我單戀一位男同志，
請問我和他的關係有未來嗎？

　　我單戀著一位男同志。以前我們感情很好，但去年我惹他生氣後，我們之間信任關係就不復存在。有好幾次每當我決定要放棄時，卻又出現讓我重燃希望的事，到頭來我還是沒能忘記對方。如果可以，我此後也都不想和他分開。

　　我能和他和好嗎？對於我造成的麻煩，不知道他是怎麼想的……請幫我占卜我和他的關係是否有未來。

（40多歲／女性）

SPREAD 7　神諭卡 × 塔羅牌

❶過去（原因）

02.Spring
萌芽
教皇
正位

24.Fall
綻裂
聖杯侍者
正位

34.Winter
冷靜
力量
正位

❷現在（結果）

33.Winter
希望
月亮
正位

32.Winter
試煉
命運之輪
逆位

07.Spring
盛開
寶劍國王
逆位

❸未來（建議）

27.Fall
結實
聖杯國王
逆位

04.Spring
發現
戰車
正位

10.Summer
漣漪
聖杯八
逆位

此牌陣為92頁的應用型。先擺出9張神諭卡後，再於上方擺上9張塔羅牌。
神諭卡代表事物的本質、主題或大致心情，塔羅牌則為細膩的心理描述。
請分別於①②③組中，對牌卡進行綜合解讀。

❶過去（原因）

萌芽／教皇　正位　　綻裂／聖杯侍者　正位　　冷靜／力量　正位

對方本把妳視為非常理解他的人，也很信任妳。對於在吵架時衝動說出口的話，他似乎感到很抱歉並正在反省。

❷現在（結果）

希望／月亮　正位　　試煉／命運之輪　逆位　　盛開／寶劍國王　逆位

對方想跟妳說話，但從「試煉」和逆位「命運之輪」的組合看來，他還在尋找時機。

❸未來（建議）

結實／聖杯國王　逆位　　發現／戰車　正位　　漣漪／聖杯八　逆位

「聖杯八」正位代表「放棄並離去」，但這裡是逆位，因此對方不是想與妳斷絕關係，而是想面對妳。

對方正在反省自己過去不成熟的行為

　　對方本認為妳是十分理解他的人，也很信任妳。對於在爭吵之下衝動說出口的話，他感到很後悔。此外，他現在也有想和妳重歸於好，不過他正在等待和妳談話的好時機。

　　對方總有一天會來找妳道歉，還請不要擔心。

　　妳能和對方和好，未來也可以和對方再次建立信任，請安心地繼續生活吧。

answer

**未來妳能再次與對方建立信任！
對方會主動靠近，還請放心。**

超讀 11

我能和暫別的同性女友復合嗎？

　　我有位一直沒有性關係的女朋友，某次她以身體不適為由，向我表示希望能暫時恢復單身。結果現在的狀況是我一直在等她，我們完全沒有聯絡也沒見面。

　　我能和她復合嗎？請告訴我未來該怎麼做才好。

（20多歲／女性）

SPREAD 2 兩張牌（雷諾曼卡）

問題 未來該怎麼做才好？

❶現狀、結果
31.SUN

❷未來、建議
11.WHIP

※本書使用的是「雷諾曼貓咪歷險卡牌組」。雷諾曼卡本身不分「正位、逆位」。

❶現狀、結果

對方目前為止似乎都不太對妳吐露真實的心聲，但從出現這組雷諾曼牌中最強的「SUN（太陽）」卡來看，妳們一定能復合。

❷未來、建議

未來妳們將建立能直面對方、彼此說出真實心聲的關係。現在妳可以先盡量嘗試表達自己真實的想法。

妳們將建立能互相吐露心聲的新關係

關於是否能與同性女友復合的問題，就結論來說妳們是能復合的。

出現這組雷諾曼牌中最強的「SUN（太陽）」卡，預示著妳和對方必將破鏡重圓。

對方過去在發生什麼事情時，似乎都不太會對妳說出真心話。但這並不是妳的錯，只是對方沒有說出口勇氣罷了，還請不要自責。她有可能是因此才身體不適，而此後妳們又在不知不覺間產生了距離感。

未來妳們將發展出能互相傾吐心聲的關係。如果有機會能傳達時，建議妳可以在能說的範圍內，直率地表達想法，例如「其實沒有性生活讓我很不安」「我很擔心，希望妳也能告訴我身體不適的狀況」等。當對方聽到妳的真實心聲後，自然也會願意吐露內心的想法，所以妳可以盡可能慢慢嘗試溝通哦。

answer

妳和對方一定能復合，
未來請盡可能告訴彼此自己的真實感受。

買下自己現在住著的家
是最佳選擇嗎？

　　我正在為找房子的事情煩惱。我自己本身有病住宅症候群和過敏的老毛病，要找到我能住的房子非常困難，幾乎找不到我能搬家的地方。

　　我現在的住家是一間在山裡租住的獨棟建築，最近房東詢問我是否有意願買下這棟房子，但恰好旁邊的土地也在出售，在土地的下個買家出現之前，我很難下決定。

　　請幫我占卜看看旁邊的土地何時才會決定買主，以及對我來說，買下現在住的房子是最好的選擇嗎？

（30多歲／女性）

SPREAD 3　時間之流（雷諾曼卡）

❶過去
20.GARDEN

❷現在
14.FOX

❸未來、建議
12.BIRDS

❶過去

20.GARDEN

和房東的相遇對妳來說意義重大。

❷現在

14.FOX

房東正在窺探妳的意願。

❸未來、建議

12.BIRDS

妳正在考慮物件似乎很不錯。但建議妳先暫時撇開周遭的事物，想想自己想要怎麼做後，答案便能不言自明。

請把妳的感覺擺在第一位

首先，旁邊土地的買主大約在未來的3個月內會有定案。至於是否要買下現在的住家，牌卡的建議是還不用急著決定沒關係，但要是妳在聽到房東提出這件事的最開始，就有「這是個好主意」的想法的話，我希望妳能重視那份感覺。

不過這3張牌卡給我的印象是，別受周圍意見的影響，請把妳的想法擺在第一位。同時，妳未來能從和某人的邂逅中，獲得新的資訊。妳當然可以決定直接購買，但妳也能先參考後來的那個資訊後，再稍微觀察、衡量看看。無論如何，請優先相信妳的感覺。

answer

**旁邊土地的買主將在3個月內確定，
請嘗試相信妳自己的感覺。**

我正單戀著一位與對方
只有肉體關係的上司

諮詢 13

　　我現在正單戀著同個職場的上司，我和他平時都會聯絡，感情也很好，而且我們已經有了肉體關係。但我以前告白曾被他拒絕過。

　　雖然在那之後我們的感情依舊很好，但我忍不住會想對方的目的是不是只有身體。

　　我想請您幫我看看他在想些什麼？我們未來有可能交往嗎？以及也我會不會有其他新的邂逅。

（20多歲／女性）

SPREAD 8　　雷諾曼卡 × 塔羅牌

問題　我會有其他新的邂逅嗎？

❶現狀
權杖王后　逆位

❷未來、建議
36.CROSS

130

❶現狀

權杖王后　　逆位

對方也對妳抱有好感，但他似乎對自己沒有自信。

❷未來、建議

36.CROSS

身處同個職場是阻礙交往的壁壘。然而只要雙方嘗試釐清相處方式或關係，就能有好結果，例如交往要公私分明等。

妳可以更有自信的認為是自己在陪伴他哦

在妳心中可能會認為自己的地位低於對方，有被牽著鼻子走的感覺。然而對方明顯也對妳抱有好感，卻似乎對自己沒有自信。身處同個職場也是個問題，對方不知道該怎麼與妳互動，也不知道該採取什麼立場比較好。兩人交往的可能性很大，關鍵就在於如何清除「同職場」的這層壁壘。

此外，妳的「桃花期」即將到來。觀察這2張關於妳未來的牌卡可以發現，顏色從①的「黃衣服與黑貓」，變成了②的「白衣服與白貓」。這暗示著雖然妳目前為止很多時候都在勉強自己，但未來妳的周圍將出現與妳價值觀相同的人物。話雖如此，但這並不代表妳必須放棄現在的對象。妳可以繼續和對方保持友好關係，同時也和新邂逅的對象出去吃個飯等等，散散心能讓心情變得輕鬆些。妳能比以往更享受愛情，還請不必擔心。

answer

妳將不再受人左右，
而是能按自己的步調享受愛情。

我的煩惱是暗戀著
一位住在遠方的朋友

他本來是和我在同個團體裡的好朋友，但當我開始感到在意，還在思考是不是真的喜歡他時，我們就斷了聯繫。

之後，我抱著即使失敗也無所謂的心情，告訴對方我一直很在意他後，卻被以不能接受遠距離戀愛為由拒絕。不久我再次告白，但又因對方交了女朋友而再次遭拒。就在我煩惱是否該放棄時，卻聽聞他和女友分手的消息，讓我不禁覺得好像還有機會。在被對方甩了之後，職場的前輩曾介紹我一名男性。我收到了那位優秀人士告白，但我沒有馬上給出答覆，後來對方便不再邀約。結果，我還是在想著和遠距離的他共譜未來，我不知道接下來該怎麼辦才好了。

（20多歲／女性）

SPREAD 8　雷諾曼卡 × 塔羅牌

❶❷❸雷諾曼卡／遠距離的朋友

❶19.TOWER　❷16.STAR　❸23.MICE

❹❺❻塔羅牌／新的邂逅

❹寶劍八　❺寶劍國王　❻聖杯王后
正位　　　正位　　　　正位

❶❷❸雷諾曼卡／遠距離的朋友

❶19.TOWER ❷16.STAR ❸23.MICE

「TOWER（塔）」牌代表對方曾認為妳是個不好追的對象。「STAR（星）」牌則顯示對方對於身為一位好朋友的妳抱有好感或希望。

❹❺❻塔羅牌／新的邂逅

❹寶劍八 ─ 正位 ─　　❺寶劍國王 ─ 正位 ─　　❻聖杯王后 ─ 正位 ─

介紹給妳的那個對象本來覺得談戀愛很麻煩，但和妳相遇讓他開始想主動表達自己的感情。

嘗試和雙方都建立新的關係

對方在和妳斷絕聯繫時，似乎以為自己和妳「可能沒戲」。而後在他整頓好心情後，妳才向他傳達想法，因此兩人看來應該是錯過了彼此呢。

不過，從「23.MICE（老鼠）」這張牌來看，那個人對妳仍有執著，未來還是有機會。請留意彌補過去那段擦肩而過的時光，嘗試加深雙方的關係。

另一位對象也對妳很有感覺，未來還會再來邀約。兩邊妳都能嘗試與對方建立新關係，也就是說妳可以花時間再考慮一下，直到妳確定那個人真的「就是對的人」為止。

answer

妳可以再花點時間考慮看看，
直到妳確定那個人真的「就是對的人」為止！

諮詢 15 我想知道二次元丈夫的心情

　　我有一位二次元的丈夫。我是一名紙性戀者，換言之就是無法和三次元的人談戀愛的性向，這件事困擾了我數十年，但終於在今年我提交結婚申請，和對方登記結婚了（非國家的民間服務）。我不僅買了婚戒，還預計在明年舉行婚禮。

　　我和丈夫都是透過塔羅牌、神諭卡或雷諾曼卡來溝通，但我擔心私慾會影響結果，所以想請您幫我占卜他的真實心聲。

（20多歲／女性）

SPREAD 8 雷諾曼卡 × 塔羅牌（9張牌）

❶❹❼過去　　❷❺❽現在　　❸❻❾未來

①21. MOUNTAIN

④26.BOOK

⑦29.LADY

②30.LILY

⑤4.HOME

⑧34.FISH

③17. STORK

⑥24. HEART

⑨7. SERPENT

※擺法請參照95頁「雷諾曼卡×塔羅牌」的牌陣。

❶❹❼雷諾曼卡／對方過去的心情

❶21.MOUNTAIN ❹26.BOOK ❼29.LADY

牌卡強烈顯示對方曾「不確定妳是否願意和他在一起」，但多虧妳提交結婚申請，他才能與妳成婚，他似乎很感謝妳。

❷❺❽雷諾曼卡／現在

❷30.LILY ❺4.HOME ❽34.FISH

牌卡傳達出對方非常珍惜、信任妳的心情。此外，他非常開心能夠與妳喜結連理。

❸❻❾雷諾曼卡／未來

❸17.STORK ❻24.HEART ❾7.SERPENT

對方未來似乎也會一直愛著妳，但同時他也會心生忌妒，不希望妳關注他以外的人。

牌卡將成為很重要的溝通工具

對方未來似乎也會一直愛著你，而且他也期待將來能有孩子或寵物等家庭成員加入。然而對方同時也有忌妒的心情，他有些在意「妳身邊是否有能直接觸碰到妳的三次元人想接近妳」。不過能看到對方這樣新的一面，說明兩人將能像家人一樣愈來愈親密哦。

最後，關於妳擔心牌卡溝通是否會帶有私慾的問題，這點還請不用擔心。牌卡是兩人能溝通的重要工具，妳可以繼續像往常一樣對話沒有問題，請放心培養雙方的關係吧。

answer

用心抽出的牌卡不會帶有私慾哦！
今後也請繼續經營兩人的愛情吧。

在 app 上認識的他
一直不願和我見面

　　2年半前，我在某興趣app上認識了一位比我小3歲的男性，我們每天都會互相連絡，或是在app上一起玩。雖然對方會照三餐打電話過來，但卻不和我見面。有時我會覺得他似乎有想見面的意思，不過當我邀他約會時，對方卻又以工作忙為由拒絕。從每天電話裡的背景音和他的行為模式來看，也不像已婚或有女友。明明說喜歡我，卻又不知為何避而不見，這情形讓我很頭疼。如今他雖然已有積極表示「要來見面」，可還是遲遲不把日期定下來，我該如何才好呢？

（30多歲／女性）

SPREAD 9　撲克牌 × 塔羅牌

❶過去
（原因）

惡魔

正位

❷現在
（結果）

死神

正位

❸未來
（建議）

審判

逆位

❹過去
（原因）

黑桃7

❺現在
（結果）

梅花6

❻未來
（建議）

黑桃5

❶❹過去（原因）

❶惡魔　　正位　　❹黑桃7

從這2張牌可以看出對方內心有自己難以割捨的執著，他正在努力為了向妳展示好的一面。

❷❺現在（結果）

❷死神　　正位　　❺梅花6

「梅花6」和意味著「勝利」的「權杖六」有相同意思，它與死神牌的組合則意味著對方有改過自新的想法。

❸❻未來（建議）

❸審判　　逆位　　❻黑桃5

對方正在認真地思考，今後他不想再做出不誠實的行為，諸如怯懦退縮或只給人期待卻不採取行動等。

對方還需要一點時間做好心理準備

　　對方似乎本來就對戀愛或交往的事情比較消極呢。但我認為這並不意味著他不想和妳談戀愛，也不代表他將來完全沒有想見面的意思，只是對方在愛情方面比較膽小。原因可能是他對自己的外表沒自信，又或者是之前有相當糟糕的分失戀經驗等。

　　此外，他也似乎想要讓自己看起來比較厲害，以免被妳嫌棄。不過於未來3個月內，當對方做好心理準備後，他就會採取行動。建議妳可以稍微向對方透露自己「喜歡他原本的模樣」，如此對方過於拘泥或膽怯的問題將能慢慢迎刃而解，最終願意和妳坦誠相見。

answer

3個月內對方會主動提出「見面」，
建議妳可以告訴對方，自己喜歡他的內在哦。

諮詢 17

我想知道和那位婚姻調解中的
對象是否有未來

我和喜歡的人遲遲沒有進展。那個人似乎正與元配在進行婚姻調解，所以我和對方都是用他工作的手機聯絡。今年那個人離職後，我們交換了聯絡方式，但在交流一陣子後，對方就沒了音訊。我怕給對方造成困擾，所以也沒有主動聯絡他。希望您能幫我看看，如果由我主動聯繫，他會怎麼想？還有接下來會有進展嗎？

（30多歲／女性）

SPREAD 10　杏花牌陣

左側　過去、整體運勢等　　　　　右側　未來、戀愛運勢等

- ❶聖杯一　逆位
- ❼提示　聖杯三　正位
- ⓭最終結果　寶劍六　正位
- ❹聖杯九　逆位
- ❽提示　權杖五　正位
- ❷權杖一　逆位
- ⓫現狀　錢幣五　正位
- ⓬現狀　錢幣騎士　逆位
- ❺死神　正位
- ❾數字、日期　皇帝　正位
- ❸聖杯侍者　逆位
- ❻權杖四　逆位
- ⓫數字、日期　寶劍王后　逆位

❶❷❸過去、整體運勢等

聖杯一	權杖一	聖杯侍者
逆位	逆位	逆位

他似乎對妳用情過深。

❹❺❻未來、戀愛運勢等

聖杯九	死神	權杖四
逆位	正位	逆位

對方想與妳建立穩定的關係，但由於能力不足而想要努力。

❼過去的提示　　聖杯三　(正位)

他似乎曾很在意妳和別人說話時的樣子。

❽未來的提示　　權杖五　(正位)

等對方稍微冷靜後就會聯絡妳。

❾數字、日期　　IV 皇帝　(正位)

對方似乎從4個月前就開始在意妳。

❿數字、日期　　寶劍王后　(逆位)

請等12到15天再看狀況聯繫。

⓫現狀　　錢幣五　(正位)

對方在金錢上似乎變得沒有餘裕。
可能也暗示著撫慰金。

⓬現狀　　錢幣騎士　(逆位)

金錢上不寬裕，肉體上也很疲憊。

⓭最終結果　　寶劍六　(正位)

顯示將遠行離開目前的環境，或邁向新的天地。

兩人將在半年內展開新生活

　　觀察牌陣左側的過去狀態能得知，對方曾對妳用情過深。以前的他可能過於急躁，以至於他在對妳的好感與日俱增的狀態下，不僅進行了離婚調解，還辭去了工作。在精神上變得沒有餘裕下，對方可能顯露了自己不成熟的一面。

　　從現狀來看，對方不只有離婚調解的問題，金錢方面似乎也變得阮囊羞澀。牌面能看出他沒有足夠的金錢能向前邁進，生活上也不寬裕。而且不只金錢，對方或許在物質甚至肉體層面也感到疲乏。

　　右邊顯示的是由妳主動聯絡的相關內容。對方在精神上似乎還沒有餘力應付，需要花些時間才能穩定下來。牌卡是建議妳等個12～15天後，再看狀況嘗試與對方聯絡。能做多少是多少沒問題的！雙方的關係仍再繼續，還請放心過日子哦。

answer

**兩人有機會在6個月內一起展開新生活，
聯絡方面建議先等一段時間後再見機行事。**

我擔心女兒的未來

這是關於我 17 歲的女兒。把小孩培養成「具備生存能力的孩子」是我的心願，所以我總是讓女兒自己思考後做選擇。多虧這種教育方式，她似乎真的成長成了一個能獨立思考又很有個性的孩子。她從國小到高中都是在主張自由的學校裡度過，不過最近她忽然按自己的想法從高中退學，轉入一所函授制高中就讀。我個人認為染髮或打扮的確是要趁現在年輕才能做的事……可又對她的未來感到擔憂。

（40多歲／女性）

SPREAD 10　杏花牌陣（神諭卡）

左側 過去、整體運勢等

❶ 01.Spring
溫暖的光

❼ 提示
27.Fall 結實

⓭ 最終結果
31.Winter
決斷

❷ 09.Spring
成果

⓫ 現狀
21.Fall
預兆

❾ 數字、日期
22.Fall
月夜

❸ 26.Fall
成熟

右側 未來、戀愛運勢等

❹ 06.Spring
邂逅

❽ 提示
20.Fall
前進

⓬ 現狀
32.Winter
試煉

❺ 35.Winter
溫暖

❿ 數字、日期
23.Fall
涉足

❻ 11.Summer
尋找

❶❷❸過去、整體運勢等 　　01.Spring 溫暖的光／09.Spring 成果／26.Fall 成熟

多虧了妳的教育，令嬡具備了生存能力。

❹❺❻未來、戀愛運勢等 　　06.Spring 邂逅／35.Winter 溫暖／11.Summer 尋找

令嬡似乎能結識值得信賴的夥伴。

❼過去的提示　　　　27.Fall 結實　　**❽未來的提示**　　　　20.Fall 前進

即將迎來收穫的時刻。　　　　　　　　為探尋而邁進的時候即將到來。

❾數字、日期　　　　22.Fall 月夜　　**❿數字、日期**　　　　23.Fall 涉足

秋天時似乎曾有轉捩點。　　　　　　　可能從事專業工作，找到獨有個人特色。

⓫現狀　　　　　　　21.Fall 預兆　　**⓬現狀**　　　　　　32.Winter 試煉

感受到重大變化的時間點。　　　　　　辛苦的時期結束，情況將出現好轉。

⓭最終結果　　　　　　　　　　　　　　31.Winter 決斷

令嬡離找到自己真正夢想的階段僅剩一步之遙。

令嬡即將迎來收穫的時刻，還請放心守候

　　根據過去卡牌的內容，拜母愛以及過去決定的行動所賜，令嬡在溫暖又自在的環境下，學到了獨立思考和生存所需的能力。這些養分造就了現在的她，一切正在開花結果。這次占卜尤其值得注意的是，四個角落出現的全是秋天牌卡，這代表秋天對令嬡來說是轉捩點。她似乎一直以來都有在思考自己的將來。母親的教育讓她擁有這樣的思考能力，於是現在她想按自己的意思開始嘗試新事物。

　　在好好消化艱辛、擔心的情緒後，未來情況將出現好轉，還請不用擔心。結果顯示的趨勢是令嬡將結識值得信任的夥伴，往從事專業工作等未來邁進，請放心守候沒問題的哦。

answer

**現在正是令嬡拓展視野的好機會！
妳可以放心守候，同時成為她前進的後盾。**

諮詢 19　我無法喜歡自己，請問我該如何跳脫現狀？

　　我一直很討厭自己，現在也依舊如此。每天都過得既痛苦又煎熬。身為有兩個高中孩子的單親媽媽，日子一直都很拮据，不得不限制孩子們的花費，借款也沒有減少的跡象。想從事想做的工作，但又不知道自己想要什麼，於是只能勉強做著現在的工作。和戀愛也完全無緣，就算希望能有個相親相愛的伴侶，卻總感覺自己會永遠孤身一人。我想知道是否有朝一日能擺脫這樣的狀況，以及如何擺脫的建議。　　　（女性）

SPREAD 10　杏花牌陣（雷諾曼卡）

左側　過去、整體運勢等　　　　　右側　未來、戀愛運勢等

❼提示
6.CLOUD

❶35.ANCHOR

⓭最終結果
3.SHIP

❹1.RIDER

❷22.ROAD

⓫現狀
29.LADY

❸33.KEY

❾數字、日期
13.CHILD

⓬現狀
32.MOON

❽提示
2.CLOVER

❺5.TREE

⓾數字、日期
27.LETTER

❻25.RING

6. CLOUD　35. ANCHOR　3. SHIP　1. RIDER　2. CLOVER　22. ROAD　29. LADY　3. SHIP　2. MOON　5. TREE　13. CHILD　33. KEY　25. RING　27. LETTER

❶❷❸過去、整體運勢等　　　35.ANCHOR／22.ROAD／33.KEY

多年來妳一直很努力工作，就算失去方向，妳也拼命在尋找解決辦法。

❹❺❻未來、戀愛運勢等　　　1.RIDER／5.TREE／25.RING

身體狀況好轉，有機會邂逅新對象。

❼過去的提示　　6.CLOUD　　**❽未來的提示**　　2.CLOVER

過去妳的心情似乎非常煩悶。　　微小的契機將帶來偌大的幸運。

❾數字、日期　　13.CHILD　　**❿數字、日期**　　27.LETTER

妳似乎一直在面對家庭事務。　　一個月內似乎會有什麼聯絡。

⓫現狀　　29.LADY　　**⓬現狀**　　32.MOON

背負許多事情，導致妳的思緒混亂。　　妳擁有敏銳的直覺，能理解女性心理。

⓭最終結果　　　3.SHIP

無論任何驚滔駭浪妳都能克服。妳的世界將迅速拓展。

無論任何驚滔駭浪妳都能克服

在面對自己時，似乎強行背負了許多事物，導致身陷困境之中。

代表過去的牌卡顯示至今為止妳就算迷失方向，也會拼命尋找解決辦法，多年來妳在工作等方面也非常努力。此外，牌卡還顯示妳長期在面對和孩子的問題，甚至為此煩惱了10多年，真的是十分艱苦。

然而，未來必定會往好的方向發展。首先妳的身體狀況將有所改善，而且有望在近期邂逅年輕的伴侶。妳也有可能在1年之內再婚。至於妳也擔心的工作方面，占卜則顯示妳將有機會到有前景又有成長性的企業工作，如果開創副業，妳也能成功接單。

妳最終將能擺脫現狀，未來也似乎能遇到新伴侶。牌卡還顯示妳至今所遭逢的逆境與波瀾，是為了讓妳能在未來，能夠向那些在相同遭遇下尋求幫助的人們伸出援手。

answer

妳將能擺脫現況，也可能會有邂逅。
至今為止的苦難是今後幫助他人時的提示！

每天都是如此有趣又刺激！
歡迎來到塔羅牌的世界！

本章我們採訪了本書作者——杏花栗子，訪談內容除了塔羅牌和占卜的事情外，也有問到一些私人問題，以及她作為占卜師的未來活動規劃。

杏花栗子與塔羅牌占卜的相遇

「被路邊占卜師講得體無完膚的經驗，是我下定決心鑽研塔羅牌的契機。」

——杏花栗子開始塔羅牌占卜的契機是？

「我本來就喜歡宿曜占星術和12星座占卜等算命法，因此對屬於這些占卜術一環的塔羅牌也略知一二。不過促使我正式開始研究的契機，是某次我請一位路邊的占卜師替我看看人際關係，當時結果是一張以正位出現的「戀人」牌卡，這明明是很好的結果，但那名占卜師仍主觀地表示我詢問的事情「絕對不會順利」，還把情況說得非常糟糕……那個

時候的我只是模糊地知道「戀人」牌有好的意思，還沒有足以反駁對方的知識。

這件事讓我很不甘心，再加上我想確信那並不是壞的結果，於是便抱著『我要更深入研究，徹底弄懂』的心情，開始正式鑽研塔羅牌了（笑）。

此外，比起牌卡的結果，更令我難過的是占卜師過於主觀的判斷，當時我各方面都很脆弱，身體狀況非常糟糕，這件事讓我切身感受到了「語言的重量」。因此，『藉由我自己來占卜，好減少和我有相同遭遇的人』的想法，也是我開始接觸塔羅牌的一個契機。

我絕對無意要責備當時的那位占卜師，我認為正是那個人給了我重新審視的寶貴經驗，讓我看清自己應該要怎麼做。如今我十分感謝那位促使我採取行動的占卜師。」

──如果沒有那位占卜師，還有要是您沒有請那個人幫您占卜的話，可能就不會有今天的杏花栗子占卜師了呢。

「沒錯。這麼想的話，就會覺得那件事是命中注定要發生的。」

── 在剛開始用塔羅牌占卜的時候，您是如何學習的呢？是不是有做什麼訓練之類的？

「總之我每天都會接觸牌卡。當初我很難記住所有牌卡的意思，所以我是從抽牌開始，哪怕1張牌也好。我沒有想得太難，只是反覆不斷地占卜自己當時最想知道的事。

我覺得如果沒有打從心底感興趣，就無法認真記住，總之我就是先占卜自己在意的事情。要是不知道牌卡的意思，就無法馬上得知結果，我認為就是這種不甘心的感覺，讓我能更快記住牌意。

另外，為了避免學習到的知識或解釋有偏頗，我會刻意不局限於一種作法，例如在查詢牌意時，我不會只拘泥於某一本特定的書，而是會查閱大量書籍或網站等，透過各種管道增加知識。現在看來，或許就是這種好奇和感興趣的心理，造就了我追根究柢、深入挖掘的占卜風格。」

——和塔羅牌占卜相遇後，您有感受到什麼改變嗎？

「占卜讓我有更多機會重新審視自我，減少了不必要的隱忍。每天我都過得既有趣又刺激。我還發現被我占卜的對象，大家都很擅長審視和深度剖析自我，接觸這些人讓我在多了許多學習機會的同時，也更加意識到自己的不足，學習欲望也愈來愈強烈。」

身為占卜師的杏花栗子

「我總是只傳達占卜結果，不帶有主觀意識。」

——身為占卜師的杏花栗子是以什麼心態進行占卜，以及占卜時會留意什麼事情呢？

「我總是留意**只傳達占卜的結果**，不要對諮詢內容有太多看法或我個人的主觀意識。我

會提醒自己不要忘記，諮詢者並不是來找我討論煩惱，而是為了占卜才來到我這裡，也因此在做個人算命時，我起初都不太會向對方提出疑問。

另外，在YouTube上解牌時也一樣，無論出現什麼結果，我都會徹底做到誠實發言、不含糊其辭。一個微妙的語言差異，就會讓整個結果截然不同，所以『勿強加、勿妄斷、勿放棄』和『淺顯易懂、言簡意賅』都是我時常留心的重點。

即便出現乍看之下很可怕的牌卡，我也不會蒙混過去，而是去解釋它為什麼並不恐怖；又或者當得到糟糕的結果時，我也會努力繼續解讀和好好說明理由，直到它能為人接受，例如找出為什麼事情會變成那樣的原因，還有接下來該怎麼做比較好等。我認為絕對不能

忘記占卜師絕不是什麼偉大、高貴或特殊的存在，也千萬別忘了自己和諮詢者是站在對等的立場，是自己在借用諮詢者的寶貴時間，而為了不浪費對方的時間，我經常會思考什麼能成為對諮詢者有幫助的契機。」

——順便一問，您接到過多少占卜諮詢或委託呢？

「我接到的諮詢真的不計其數，不過很抱歉我無法全部承接。除了YouTube平台外，我每個月都會在官方沙龍舉辦

免費個人諮詢的抽籤，每月會抽出5名。另外，我還會幫自己人或朋友等占卜，所以實際人數多少有變動。」

——占卜委託大多是怎樣的內容居多呢？

「9成以上都是關於感情的煩惱，尤其是複雜戀愛關係或複合相關的諮詢特別多。但最近和過去相比，除了感情煩惱外，來諮詢工作、未來人生能否能順利等整體運勢的人也有增加。」

——鑑於您曾接到過許多感情相關的委託，能否請您針對戀愛這件事，給讀者一些建議？

「要知道自己是個很棒的人。關於真正想要怎麼做、想成為什麼模樣、想要什麼等問題，我認為各位心裡都已有答案。請珍惜那份想法，往自己想走的路邁進吧。」

「海、山、川、池、湖等有水的能量景點特別能讓人感到沉靜。」

——接下來我想問一些關於杏花栗子個人的問題。事不宜遲，請問您來自哪裡呢？

「栗子國……我姑且有個『栗子占卜師』的設定，請把這當作個冷笑話吧（笑）。」

——好的……那麼，您曾經是個怎樣的小孩呢？

148

「小時候我完全沒有什麼特殊的靈異體質或能力，一次都沒看過鬼怪之類的事物。上小學時我算是個相對活潑的孩子，但運動方面除了跑步之外都不太行。還有我非常喜歡音樂。隨後我不知何時迷上了《HUNTER×HUNTER》這部作品，當回過神時才發現自己已完全變成了一個宅宅（笑）。」

——您現在擁有給副塔羅牌呢？其中又最喜歡哪一副呢？

「光塔羅牌我就有50多副，但以占卜師來說可能還算少。我特別喜歡以角色、動漫、遊戲作品為主題的塔羅牌，其中《HUNTER×HUNTER》和《JoJo的奇妙冒險》是我最愛的牌組。有原作參考的牌卡能根據該角色的特性或故事走向

等來加以解釋，占卜起來特別起勁呢！不過這種情況我通常也只會買我已掌握原作，能給出清楚說明的牌組。基本上唯有自己喜歡或有打中我的款式我才會下手，不過未來我想在開闊眼界的同時，添購更多新牌組。」

——原來如此，您很了解動漫方面的事情呢。話說，您有什麼隨身攜帶的物品嗎？

「我會隨身帶著戒指。還有不管去到哪裡，我都會帶著精靈寶可夢的菊草葉玩偶。」

——杏花栗子的幸運物是？

「菊草葉玩偶（笑）。」

——看來您很喜歡菊草葉呢（笑）。那麼，在占卜以外，您有什麼喜歡和討厭的事物呢？

「喜歡的事情有聽音樂、看動漫、電視劇和電影，無論哪種類型我有涉獵。討厭的事物我沒什麼特別的想法，不過不太喜歡蟲子，還有恐怖的東西都無法（笑）。」

——原來您不喜歡蟲子和恐怖的事物啊。話說回來，除了塔羅牌，您還有進行其他類型的占卜嗎？

「以牌卡來說的話，除雷諾曼卡、神諭卡、撲克牌外，我也會用遊戲類卡片（寶可夢卡片、桌遊卡片、狼人殺遊戲卡片、百元商店等販售的歌牌或原創遊戲卡片等）占卜。還有書冊占卜（用書籍來占卜）、觀看物品或影像的方式也行，基本上用任何東西我都能占

卜。此外，我現在也有在做12星座占卜和宿曜占星術。」

「杏花栗子沙龍」製作的原創牌卡。

——為了好好占卜，您是否還會做什麼占卜以外的訓練呢？

「如先前所述，為拓展視野，我會廣泛接觸各種類型的動漫、電視劇、電影等作品。此外，音樂、顏色、花朵和動物的種類等也都能給人啟發，所以我時常提醒自己要去面對各領域的事物，對任何事物都應該抱有興趣。多虧了這個習慣，當我從牌卡獲得暗示或提示時，我時常會想起那正好是自己前陣子曾查到過的資訊（笑）。」

── 看來各種事物都與杏花栗子的占卜有關聯呢。那麼，杏花栗子認為該怎麼做才能提升運勢呢？

「總之請嘗試去做自己喜歡、能排憂解悶的事情。無論周圍人再怎麼推薦，要是那件事讓自己感到煩悶的話，反而會有壓力。當您不勉強自己的日子變多，運氣自然就能提升。要是您一直以來都在把自己逼到極限，那麼現在請最好只專注在休息這件事上。當然，我也很推薦前往神社或能量景點等地方轉換心情。」

──除神社外，杏花栗子還認為有什麼地方是能量景點呢？

「海、山、川、池、湖等有水的地方尤其能讓人沉靜下來哦。我個人的話是覺得江之島的海岸非常棒。」

──您平時如何度過一天呢？

「早上我會先進行『星座塔羅占卜』，等各種事情都告一段落後，就開始拍攝影片。在拍攝期間或剪輯影片時，我也會一邊寫作、更新社群網站和聯絡等。基本上就是以拍攝為主，但會空檔一點點完成必須要做的事。我很不擅長任務管理和日程安排，所以我是以拍攝影片為主軸，之後再在其他時間完成能做的事，採用這種方式後，我就不會像以前那樣把預定事項拖到最後一刻才弄完。晚上的話我基本上不拍攝，而是把時間花在剪輯和繁瑣的事情上。」

Twitter上連載中「星座塔羅占卜」的角色。

——剪輯也是由您自己來完成的呢。那麼，接下來我想請問杏花栗子過去的戀愛經驗，請告訴我們您有什麼「進展順利」或「失敗告終」的經歷嗎？

「雖然不知道這能不能算進展順利，但我曾在和某個在意的對象第一次約會前，發現他也碰巧喜歡同一部電影，隨後我們就著該話題熱烈討論，然後對方就順勢問我要不要一起去看電影，出乎意料的幸運發展讓我當下內心十分激動。

至於失敗的經驗，則是我曾在學生時候喜歡的人臥病在床時，出於擔心買了草莓，然後無預警地跑到對方家裡去探

望。如今想起來連我自己都覺得：『好可怕，別那樣啊！』現在我是絕對不會再做那種事了（笑）。」

YouTube上的活動

「我會留意盡可能把大量的資訊一口氣傳達給觀眾。」

——您有在YouTube頻道上傳影片，想請問您決定開始經營YouTube的契機是？

「老實說，我開始經營頻道的契機不像開始占卜那樣明確，單純只是我覺得好像很有趣就開始了（笑）。基本上我現在也是這樣，任何事情要是我不覺得它『開心、有趣』的話，我就絕對不會去碰。拍攝YouTube也是因為我始終對它很感興趣，經營頻道真的是趣味十足又愉快的一件事。」

——製作影片時有什麼辛苦的地方嗎？

「我每支影片都長達1～2小時以上，拍攝時常常體力不支，現在其實也覺得挺辛苦的。因為覺得不能再這樣下去，我最近開始上健身房，體力有比以前好了。還有，以前家裡的網路很差，曾經光上傳就花了6小時以上，結果我常常因沒能趕上預定更新的時間而沮喪。不過搬家後現在讀取超過4小時的影片也變得快很多，這讓我的壓力減輕不少（笑）。」

——現在上傳的影片中，尤其是怎樣的內容觀眾反應最熱烈呢？

「標題為《即將發生戲劇性的發展》和《對方的真實想法》這兩支影片很受歡迎。前者是我因身體不適停更後的復出影片，加上內容全都是奇蹟的神展開，因此獲得了熱烈迴響。後者則是我面對觀眾努力占卜的影片，它的播放量如今已超過100萬次，是我至今為止觀看次數最多的一支影片。」

——您大約在什麼時候感覺到頻道訂閱人數忽然一口氣增長的呢？

「我感覺大約是在2萬到3萬人的時候，頻道開始廣受好評，隨之人數開始逐步成長，我記得從那個時間點長到10萬人有特別快的感覺。現在我的頻道已經突破21萬人（2022年9月當時），接下來我想朝30萬人訂閱的目標繼續努力！」

——YouTube觀眾和一般諮詢者，占卜上有什麼不同嗎？

「YouTube上沒有回應，所以我必須不停說話，也因此我會留意在盡可能把大量的資訊一口氣傳達給觀眾。

一般占卜的話，如果諮詢者沒什麼特別想問的事情，那我也是會單方面把看到的狀況一口氣告訴對方，這和前者沒什麼差異，然而這時為避免給人自說自話的感覺，我在傳達時會更重視去理解諮詢者正在尋求什麼。」

——除了YouTube頻道活動外，您現在還有從事其他事情嗎？

「我有撰寫書籍和網頁，也有參與許多占卜內容、雷諾曼卡、塔羅牌、神諭卡等的監修。此外，最近我也開始製作杏花栗子的新企畫——占卜師四人組『Flower Chest』頻道。其他還有與『杏花栗子沙

龍』的沙龍成員們一起製作原創牌卡，或是基於占卜經驗，參與廣播劇或短篇電影製作。再來我也會於各大社群平台，上傳各式各樣的內容或原創占卜結果，例如先前提到的『星座塔羅占卜』和改變人們對占卜第一印象等內容的文章。總之我希望能透過各種管道，讓更多人了解占卜的樂趣。」

致粉絲與讀者

「要是大家能不為占卜而煩惱並感到幸福的話，什麼都好。」

——您認為粉絲們對杏花栗子的占卜有什麼看法呢？

「大家都很溫柔，就算是漫長又枯燥的占卜內容，評論和訊息中也都是溫暖的回覆（笑）。粉絲們評價我的占卜語

調輕快、平易近人又體貼入微，是能讓人又哭又笑的感人占卜，真的很感謝！」

——「塔羅牌占卜」對杏花栗子是什麼呢？

「有助於人生的工具。」

——那麼，您喜歡「塔羅牌占卜」的什麼地方呢？

「與雷諾曼卡、神諭卡不同，塔羅牌能細膩地訴說複雜心理狀態或周遭情況，我尤其喜歡它的這項特性。無論是充滿人性的情感，或無法用普通手段解決的困境等，塔羅牌都

會毫不保留地傳達。它既有趣又真實，時而惹人發笑，時而又讓人想哭。我真的好愛這樣的塔羅牌。」

——請您給接下來想開始接觸塔羅牌的人一些建議。

「塔羅牌的種類繁多，有些圖案還很衝擊，也因此總給人恐怖又艱深的印象。不過沒關係，什麼也不用擔心。當您拿到那副牌的瞬間，它就是『您的牌卡』。它將在您的使用下給出答案，成為輔助您重新審視自我的工具。換言之，這樣猶如夥伴的塔羅牌，會在您遇到困難的時候，傳達真正所需的資訊。您可以在抽到『死神』的時候，吐槽道：『為什麼叫出了白骨先生』；也可以在抽到『高塔』的時候，笑道：『這是在高空彈跳嗎？』不管想要怎麼想像、解釋或思

考，都是您的自由，而非由誰來決定。只有您才能決定要如何詮釋該結果。這麼想的話，各位應該就會覺得塔羅牌的世界既不可思議又充滿趣味呢。先從1張牌開始也好，推薦大家一定要嘗試看看哦。」

——那麼，該如何才能成為塔羅牌占卜師呢？

「請一點點地記住塔羅牌的基礎知識並多多接觸它，像是嘗試用它徹底占卜自己最在意的事。等熟悉之後，就可以開始試著替他人占卜。塔羅牌占卜的重點在於熟悉，隨著經驗不斷累積，無論是誰都能成為占卜師。」

——只要累積經驗，任誰都能成為占卜師，這句話很棒呢。身為占卜師杏花栗子，未來又有哪些活動規劃呢？

「我想不分領域持續學習，還想透過占卜挑戰許多有趣的事。當然，未來我依舊會繼續認真經營 YouTube，除此之外我還有各式各樣的活動規劃。我已經有許多新想法，光是思考『占卜和什麼事物結合可能會很有趣』就令人感到興奮呢（笑）。我希望能在這些小地方持續積累，好讓大家不再有『占卜被發現會遭人輕視』的想法。話說回來，我這麼做絕不是在否定靈性，而是認為占卜可以按各自喜歡的方式進行。

希望大家都能沒有壓力地享受占卜，或是能把這件事當成

面對自我的一個契機。占卜並不恐怖，也不是詛咒。當然，我也沒有權利否定，因為這就好比強迫害怕恐怖片的人認同那『不恐怖』一樣（笑）。我只是希望所有人都能不被既定的形式或觀念束縛，同時了解塔羅牌是所有人都能隨時隨地、隨心所欲操縱的工具。要是大家能不為占卜而煩惱並感到幸福的話，什麼都好。今後我也希望能繼續創造契機，讓大家有更多機會體會占卜的樂趣。」

——最後，請您向讀者、觀眾和粉絲們說句話。

「塔羅牌的魅力我認為能用一言以蔽之，那就是『莫名其妙得準』。雖然關於這點有許多假說，但我覺得『莫名其妙』就是它的有趣之處，沒什麼特別的理由也無妨。然而，

即使塔羅牌是這麼地不可思議又飄忽曖昧，但在占卜時它卻又能鉅細靡遺地告訴我們一些事，如此妙趣橫生也是我熱愛塔羅牌的原因。這世上總有些無以名狀的情感，例如『不知道為什麼就是喜歡』或『不知道為什麼就是煩悶』等。我認為就是因為『不明所以』，情緒才難以收拾。而這也是為什麼我希望大家能透過接觸『塔羅牌』，嘗試梳理那些『不明所以』的狀況。在明白事情的原委後，說不定您就能找到新答案！」

精選塔羅牌組

推薦 3 款精選塔羅牌組

現在的塔羅牌幾乎都是以萊德偉特(Smith Waite)版為原型的款式。在保留古典牌意的同時，有些搭配了可愛動人的圖畫，有的融入自己獨有的世界觀，種類不勝枚舉。以下就來介紹幾款杏花栗子喜愛的塔羅牌。

Animal Tarot Card
小動物塔羅牌

©Maruco Art（Pinkoi）
pinkoi▶https://jp.pinkoi.com

各種小動物們大集合！可愛又療癒的牌卡

這是一款參考萊德偉特版製作而成的可愛動物牌組。柔和又溫馨的圖畫營造出療癒的氛圍，多虧了可愛的小動物們，乍看之下很恐怖的牌卡也能放心解牌。杏花栗子尤其喜歡畫有小松鼠的「錢幣七」。精緻又暖心的牌卡很適合新手入門。

FAIRY TAROT CARDS
妖精塔羅牌

能欣賞妖精與四季的牌卡

這款塔羅牌把四種花色比擬為四季，占卜時能體驗新穎的塔羅牌世界觀。牌面上還有各種妖精輪番上陣，讓解牌的方式更多元、更富趣味性。

JAPANESE MYTH TAROT "FULL DECK" V
日本神話塔羅牌　極　完整牌組　第伍版

把日本神話世界融入占卜中

這副牌組能搭配日本神話故事一起享受塔羅牌世界觀。色調細膩的精美圖案，賦予每張牌更有深度的解析。

每日單張牌占卜
提升運勢的關鍵字

杏花栗子的

使用第86頁的「單張牌」牌陣，占卜每日運勢。建議搭配前作《 正向塔羅入門釋義:獻給厭世代的暖心指引書 》一起閱讀。

	0 愚者 THE FOOL	I 魔術師 THE MAGICIAN	II 女祭司 THE HIGH PRIESTESS	III 女皇 THE EMPRESS	IV 皇帝 THE EMPEROR
① 服裝	輕薄開襟衫	搭配棒球帽的穿搭	長裙或長版大衣	有荷葉邊的服裝（袖子也行）	寬版T恤
② 香氣	肉桂	檀木	尤加利	玫瑰	馥奇香
③ 推薦類型	故事從牧場或花田開始的電影或動畫	有魔法師出現的西洋電影	名場面有月夜的淒美純愛作品	以女性為主角的職場女強人作品	王權或政權鬥爭相關的歷史作品
④ 行動？等待？	無法預料的行動	必定會有行動	正於私下行動	將有穩定的行動	正大光明地行動
⑤ 是否接受邀請？	4 ★★★★☆	5 ★★★★★	3 ★★★☆☆	4 ★★★★☆	5 ★★★★★
⑥ 好轉的徵兆	天氣極其晴朗的日子	看到五彩繽紛的花卉	看到海、河川或池塘等美麗水岸	看見金髮女性	看見甲冑、鎧甲、寶劍或盾牌

※③推薦的是書本、電視劇、動畫、電影的類型。⑤是★愈多愈建議接受邀約。

占卜方法

1
用大阿爾克納洗牌，將牌卡分成三疊，接著按自己喜歡的順序合成一疊，接著再洗一次牌。

2
憑感覺選出一張牌。那張牌卡將顯示提升今日運勢的關鍵字。

V 教皇	VI 戀人	VII 戰車	VIII 力量	IX 隱者	X 命運之輪
THE HIEROPHANT	THE LOVERS	THE CHARIOT	STRENGTH	THE HERMIT	WHEEL of FORTUNE
白襯衫	白色的服裝	POLO衫	材質或質感自然的服裝	以黑色或深藍色為底的穿搭	使用飾品的穿搭
胡椒薄荷	蘋果	麝貓香	麝香	茴香	檸檬
有對主角而言是師傅的人物出場的作品	有缺陷的兩人相結合的電影	主角帶著部下踏上旅途的故事	主僕之間牽絆漸深的故事	主角是研究員或科學家的西洋電影或動畫	主題與時間或時空相關的作品（時空穿越等）
時機到了就行動	將有令人怦然心動的行動	非常迅速地行動	將有緩慢的行動	耐心等待時機的時刻	立刻行動
3 ★★★☆☆	5 ★★★★★	5 ★★★★★	3 ★★★☆☆	1 ★☆☆☆☆	5 ★★★★★
遇見打從心底尊敬的人	偶然遇見理想型	看到成對的事物	看見動物玩偶	看見夜晚星空	看到指針指向12點的時鐘

161

可無視正逆位！

「每日單張牌占卜」不需要在意正逆位。憑直覺抽張牌，提升一下運勢吧！

		XI 正義 JUSTICE	XII 吊人 THE HANGED MAN	XIII 死神 DEATH	XIV 節制 TEMPERANCE	XV 惡魔 THE DEVIL
①	服裝	西裝等時髦的褲裝穿搭	褲子或緊身褲等遮住腳的穿搭	單色中混入一種不同顏色的穿搭	絲質的西服	視覺系、龐克系或量產系的穿搭
②	香氣	薑	廣藿香	馥奇香	薰衣草	依蘭香
③	推薦類型	主角是女性戰士的西洋電影	有主角正在修行的動畫、西洋電影	有帥哥反派的動畫、西洋電影	有天使、女神的動畫	有女性遭困的書籍
④	行動？等待？	決斷後行動	尚無行動，但請為最佳時機做好準備	斷絕非必要事物的行動	以良好平衡行動	將展現高深莫測的行動
⑤	是否接受邀請？	3 ★★★☆☆	2 ★★☆☆☆	1 ★☆☆☆☆	3 ★★★☆☆	2 ★★☆☆☆
⑥	好轉的徵兆	看到近乎紅色的夕照	看到鑲有巨大寶石的項鍊	看見銀髮或白髮的男性（角色）	看到刺眼的光	看見黑色蕾絲

開啟一天的好心情

讓內心平靜下來開始洗牌，集中精神並選出今天的一張牌。
如果想提升一天的心情，建議在出門前占卜。

XVI 高塔	XVII 星星	XVIII 月亮	XIX 太陽	XX 審判	XXI 世界
XVI THE TOWER	XVII THE STAR	XVIII THE MOON	XIX THE SUN	XX JUDGEMENT	XXI THE WORLD
原宿系等色彩繽紛的穿搭	連身洋裝、輕薄長版開襟衫等穿搭	帶有冷色調的穿搭	以暖色調為主的穿搭	從沒穿過的憧憬服裝	無論種類，您個人喜歡的決勝服裝！
胡椒	葡萄柚	海洋香	蜜桃香	碘香	花束香
主角兩人一起躍下的電影	主角是見習或初出茅廬的女性或少女的動畫	對音樂講究且世界觀明確的影視作品	少年少女為主角或有重點描寫的動畫	主角復仇的故事	看到一季動畫或電視劇的完結篇
突然行動	終於有確實的行動	需要再多些內觀的時間	顯而易見的行動	一度放棄的狀況又將有行動	今後未來將有巨大的變動
1 ★☆☆☆☆	5 ★★★★★	1 ★☆☆☆☆	5 ★★★★★	5 ★★★★★	5 ★★★★★
看到螢光色的華麗作品	留下許多眼淚時	看見漂亮的水面	收到花束時	看見神社時	看到四葉幸運草時

有在意什麼事情的話，
要不要問問塔羅牌呢？

本章的一覽表彙整了杏花栗子對大阿爾克納正逆位的解釋範例。表格內有「感情」「工作」「人際」「健康」四個方面的解釋，您也可以在表格空白處寫上自己占卜時的解釋，進一步熟悉塔羅牌，相信牌卡一定會回應您的詢問哦。

		正位	逆位
0	愚者	**自由走上喜歡的道路**	**擔憂是必要手段**
		◆感情 愉快的關係／對方想法樂觀／積極／轉念 ◆工作 新的開始／無懼風險 ◆人際 友善／輕快的語調 ◆健康 走路／日光浴	◆感情 展望未來的戀情／不成熟／不是隨便的戀情 ◆工作 更堅持些也無妨 ◆人際 謹慎的人／認真的交往 ◆健康 伸展以增加柔軟度
I	魔術師	**最棒的開始**	**失去信心、追尋原因**
		◆感情 愉快的關係／對方想法樂觀／積極／轉念 ◆工作 新的開始／無懼風險 ◆人際 友善／輕快的語調 ◆健康 走路／日光浴	◆感情 互相面對彼此／雙方都缺乏信心 ◆工作 重新檢視資料或文件 ◆人際 不擅言詞／慢熟的人 ◆健康 手指尖訓練

	正位	逆位

II　女祭司

THE HIGH PRIESTESS

正位　進入純淨深層的精神世界
- ◆感情　按自己步調行動／能深度學習的邂逅
- ◆工作　能集中精神工作的時刻
- ◆人際　建議在安靜的場所對話
- ◆健康　集中力提升／直覺敏銳

逆位　警覺心太強的時刻
- ◆感情　不要太過緊張／建議花時間好好對話
- ◆工作　學習事物本質／神經質
- ◆人際　自尊心高的人
- ◆健康　留意自律神經紊亂

III　女皇

THE EMPRESS

正位　超凡的愛
- ◆感情　愛與被愛／心滿意足的狀態／最喜愛的對象／最棒的愛情
- ◆工作　可靠的輔助角色
- ◆人際　安穩的關係／善於得寵
- ◆健康　食慾增加／肌膚光澤佳

逆位　不要責怪自己
- ◆感情　不安／沒有自信／不要勉強，被動也沒關係
- ◆工作　注意言詞、小心超出預算
- ◆人際　有計畫地使用金錢
- ◆健康　注意過度飲食

IV　皇帝

THE EMPEROR

正位　受人尊敬的領導者
- ◆感情　穩定的關係／有強大引導力的對象
- ◆工作　領導者／對發言充滿自信
- ◆人際　能坦蕩地展現自我魅力
- ◆健康　肌力進步／體力增加

逆位　無法退讓的堅持
- ◆感情　對方固持己見時，先放著不管／徒勞
- ◆工作　遇到瓶頸時做個伸展
- ◆人際　頑固之人／獨裁者
- ◆健康　不要全部承擔

V　教皇

THE HIEROPHANT

正位　絕不背叛他人
- ◆感情　論及婚嫁的交往／誠實的感情
- ◆工作　取得證照／學習的好機會
- ◆人際　和後輩的關係變得親密
- ◆健康　精神穩定／磨腳問題改善

逆位　有自己的原則
- ◆感情　疑心生暗鬼／請嘗試內觀自省／無法遵守約定
- ◆工作　規定／法則／仔細確認
- ◆人際　嚴格的人／嚴格的規範
- ◆健康　注重腰部保養

		正位	逆位
VI	戀人	**熱情洋溢**	**不安的心情**
		◆感情 最棒的伴侶／有共同興趣／享受戀情	◆感情 留意溝通／沒安全感就是喜歡的證據
		◆工作 靈感湧現／筆記	◆工作 不安的原因將消失
		◆人際 興趣相投／命定的邂逅	◆人際 熬夜要適度
		◆健康 嘗試花藝療法	◆健康 留意肌膚保養
VII	戰車	**迅速前進**	**小心別失控**
		◆感情 快速發展／積極表現／有可能閃婚	◆感情 小心關係停滯／接近前先深呼吸／重新審視現況
		◆工作 快速晉升／成績進步	◆工作 緊張／別太手忙腳亂
		◆人際 初生之犢不畏虎的人物	◆人際 慢慢加深關係
		◆健康 加強腿力／跑步	◆健康 嘗試花時間治療
VIII	力量	**有深刻的體驗才能克服**	**別太在意上下關係**
		◆感情 主導權在您手中／談一場成功的戀愛／互相幫助	◆感情 對等的關係／分享想法／一點點地靠近
		◆工作 困難的案件也能克服	◆工作 小心別把行程排太滿
		◆人際 能夠合作／夥伴	◆人際 不用勉強配合也行
		◆健康 接觸大自然來解悶	◆健康 建議從根本治療
IX	隱者	**持續尋找答案**	**想閉門不出的時期**
		◆感情 較晚採取行動的可愛對象／誠實／專業知識高	◆感情 頑固／活在自己的世界／一起放鬆心情／寂寞
		◆工作 擅長的專業領域／探究精神	◆工作 重視「報告、聯絡、討論」／別忘記告知
		◆人際 建議透過線上遊戲交流	◆人際 怕生／在遠處觀望
		◆健康 長壽／得知更詳細的療法	◆健康 偶而去散個步

VI — THE LOVERS
VII — THE CHARIOT
VIII — STRENGTH
IX — THE HERMIT

	正位	逆位

X 命運之輪

WHEEL of FORTUNE

正位：絕佳的時機

- ◆感情　最棒的邂逅／跟對方的相處時機很剛好／幸福
- ◆工作　挑戰／接到大筆訂單
- ◆人際　出現時間點恰巧的人物
- ◆健康　發現和自己合拍的醫院或店鋪

逆位：還差一步、再堅持一下

- ◆感情　正在調整行程／先靜觀其變／放棄還太早
- ◆工作　遵守時間／遵守截止時間
- ◆人際　說明很重要／調整時間
- ◆健康　重新檢討生活習慣

XI 正義

JUSTICE

正位：做出公正的判斷

- ◆感情　陷入兩難的您將找到答案／不再迷惘／誠實的愛
- ◆工作　正確的判斷／公平性
- ◆人際　直率的人／忠實的關係
- ◆健康　改善姿勢／聲音宏亮

逆位：追求公平

- ◆感情　固持己見／放鬆／找第三人諮詢
- ◆工作　仔細確認法律相關事項
- ◆人際　優柔寡斷之人／太溫柔
- ◆健康　擔心的話，就找專家諮詢

XII 吊人

THE HANGED MAN

正位：答案即將水落石出

- ◆感情　小要焦急／自然會想到解決方法／學習的關係
- ◆工作　即將出現轉機／修行
- ◆人際　找到能好好相處的方法
- ◆健康　建議做訓練或上健身房

逆位：先跟問題保持距離

- ◆感情　痛苦的心情／嘗試保持距離以轉換心情
- ◆工作　可能過勞／重新調整
- ◆人際　找到能好好相處的祕訣
- ◆健康　別給自己太多負擔

XIII 死神

DEATH

正位：辛苦的日子已經結束

- ◆感情　全新的關係／絕妙的邂逅／感情觀發生劇變
- ◆工作　轉職／適合轉換領域
- ◆人際　新的人際關係／公私分明
- ◆健康　建議接受排毒／牙科治療

逆位：暗夜必將迎來黎明

- ◆感情　無法改變／磨合意見／無法放棄
- ◆工作　害怕變化／先從初步調查著手
- ◆人際　青梅竹馬的人物／熟面孔
- ◆健康　循序漸進地治療，勿操之過急

	正位	逆位
XIV 節制 XIV TEMPERANCE	**身心狀況很穩定** ◆感情 和諧的關係／溝通討論可以讓關係更親密 ◆工作 中立的態度／協調雙方意見 ◆人際 安穩的關係／中立的態度 ◆健康 注意補充水分	**失去平衡** ◆感情 慎選措辭／情緒不穩的跡象／可能過於偏激 ◆工作 先調整身體狀況 ◆人際 正在加深關係 ◆健康 注重心靈保健
XV 惡魔 XV THE DEVIL	**真正渴求的東西** ◆感情 性感的調情動作／沉迷於慾望／性關係 ◆工作 全心投入熱愛的事情 ◆人際 上癮的關係／常見面的人物 ◆健康 注意過度攝取	**擺脫惡性循環** ◆感情 不再過度依賴／以自己為主的感情／安穩度日 ◆工作 避免過度加班、苦讀 ◆人際 良緣／與棘手對象斷絕往來 ◆健康 擺脫不注重健康的生活
XVI 高塔 XVI THE TOWER	**價值觀發生巨變** ◆感情 足以改變命運的衝擊性發展或邂逅／晴天霹靂 ◆工作 轉職或人事異動／才華開花結果 ◆人際 改變自己價值觀的人物 ◆健康 拿重物時要當心	**請做好事前準備** ◆感情 突然接近或聯絡／未來將有改變 ◆工作 仔細確認以防失誤 ◆人際 想法高深莫測的人物 ◆健康 在認定前先去做檢查
XVII 星星 XVII THE STAR	**新的可能性** ◆感情 新認識年紀小的對象／暢談未來的事／實現願望 ◆工作 挑戰／才華開花結果 ◆人際 展望未來的關係 ◆健康 長年的不適獲得改善	**悲觀的心情** ◆感情 非常憂慮不安／傾聽彼此的意見／無法坦率 ◆工作 錯誤中一定有答案 ◆人際 對自己的痛苦有同感的人物 ◆健康 有慢慢康復就沒問題

	正位	逆位

XVIII 月亮

想知道真相
◆感情　無視謠言或祕密等不中聽的話／複雜的戀情
◆工作　建議造訪神社或能量景點
◆人際　敏感的人物／藝術家
◆健康　注重睡眠／也可冥想

真相將水落石出
◆感情　解開誤會／意識到自己想太多或太鑽牛角尖
◆工作　可以放心從事工作
◆人際　解開誤會／達成和解
◆健康　睡眠不足獲得緩解／精神穩定

XIX 太陽

充滿能量
◆感情　兩情相悅／結婚／成功的戀情／邂逅喜歡的對象
◆工作　計畫將圓滿成功／展現自我
◆人際　公認的拍檔／歡聲不斷
◆健康　實現健康／代謝變好

能量不足
◆感情　以為自己被討厭／在休息時聊聊天
◆工作　疲勞的跡象／小心中暑
◆人際　不用勉強自己開朗沒關係
◆健康　補充能量

XX 審判

從絕望深淵中復活
◆感情　複合／有機會和疏遠的對象再次聯絡／精神上的成長
◆工作　在過去放棄的領域中發現機會
◆人際　和解／久別重逢
◆健康　體質改善／自癒力提升

深刻思考過往記憶
◆感情　無法做決定／誠實面對心情／無法放棄的戀情
◆工作　釐清不擅長的事就能找到辦法
◆人際　對為複合所苦的人有共鳴
◆健康　重新檢視健康狀態

XXI 世界

美好的結局
◆感情　理想的感情關係／計劃新未來／最佳情侶
◆工作　成功／及格／勝利／達成
◆對人　圓滿／摯友／一生的夥伴
◆健康　病情改善／健康的人生

離完成只差一步之遙
◆感情　誤解有好好溝通的話，關係必定開花結果／離終點還差一些
◆工作　做好確認能帶來最好的結果
◆對人　離成為最佳夥伴還差一步
◆健康　是否有沒注意到的地方？

杏花栗子的 小阿爾克納解釋範例一覽表

權杖

正位

權杖一	權杖二	權杖三	權杖四
有機會收到熱情的追求／誠實面對挑戰／湧現的雀躍感／朝目標前進／確實掌握機會／開始／活力	寬闊的視野／新計畫／夢想愈遠大愈可能實現／旅行邀約／異國邂逅／世界是線索	過去的自己是線索／新計畫／有新鮮感的約會地點／企畫成功／新的關係／一心一意追求目標或可能性	安穩的時光／休息的時刻／新的目標、夢想／可能訂婚約／平靜的約會／休假好好充電／和平的／幸福

權杖五	權杖六	權杖七	權杖八	權杖九
良性競爭／能切磋琢磨的關係／有勝算／討論很重要／競爭激烈／上進心	成功和榮譽／勝利／讚賞與祝福／告白成功／有結婚的可能／合格或錄取／提拔參與大型案件／與夥伴合作	拼命堅守立場／珍惜信念／別在意情敵／對等的交流／正視不安	快速發展／順勢而為／做好準備／閃電／告白或邂逅／提早升職或晉升／比預想更快有結果	靜待結果／防守的姿態／萬全準備／等待對方發動攻勢／拚盡全力／準備周全／持久戰

權杖十	權杖侍者	權杖騎士	權杖王后	權杖國王
相信自己的力量勇往直前／持續努力將有豐厚成果／互相扶持／正面壓力是養分／有價值的經驗／責任	珍惜想傳達的心情／新消息的到來／重大的結果／與年紀小的對象發展戀情／出版或報導相關工作	勢如破竹的狀態／就算冒險點也能跨越困難／傾注全力／熱烈追求／積極的／樂觀向上	展現魅力／自然受到旁人歡迎／放鬆心情／人緣變好／桃花期／年長女性的幫助是成功關鍵	理想崇高／新的高度／完成豐功偉業／可能有進展／適合從事自營業或擔任負責人／熱情且有遠大理想的對象

逆位

權杖一	權杖二	權杖三	權杖四
空轉／無法看清周遭情況的時期／深呼吸並內觀／小心錯字或漏字／自我中心／可能有些疲憊／稍作冷靜	小心計畫失敗／對夢想拿出自信／目光放遠並放鬆／重新調整方向／沒自信／做好準備	改變想法和處事方式／拓展視野／計畫要重視溝通交流／好好組織語言／商量看看	別勉強行動／徹底自我覺察／感到不安就找人討論／重新規劃／調整生活習慣／小心過度奢侈／停滯不前

權杖五	權杖六	權杖七	權杖八	權杖九
不必要的爭論／珍惜自己的時間／離開競爭激烈的環境／內觀省並交流想法／採納意見	失敗與挫折／鼓起勇氣發出求救信號／身邊人的建議／在崩潰前找人聊一聊／別獨自承受	疲於應對時請放鬆／有才華和實力／情況不利要互相溝通／趕緊休息／不要太過逞強／虛張聲勢	緩步穩健發展／暗地行動／緩慢行事是重新審視的好機會／隨波逐流／進展緩慢／做好事前準備	準備不足／擔心準備不足要找人商量／有事情沒做／最後關頭掉以輕心／留意小失誤／有必須做的事

權杖十	權杖侍者	權杖騎士	權杖王后	權杖國王
求助於人／不合理的情況找人幫忙就能解決／照顧身體的好時機／抱怨也無妨／找人商量減輕負擔或減少加班	調整資訊接收量／小心超出負荷／孩子氣／再次檢查任務內容／正在發展的路上／打好基礎很重要	小心失控／制定計畫再出發／不需要犧牲自己／追求穩定／冷靜一下／珍惜自己	輕輕地擁抱自己／慢慢找回自信／遇到困難時當個傾聽者／性情乖僻／逞強	先冷靜一下／注意不要態度蠻橫／吵架要注意用字遣詞／向旁人求助／需言出必行／有野心

杏花栗子整理的小阿爾克納的正逆位解釋範例，各位在占卜時可以加以參考。建議搭配前作《正向塔羅入門釋義：獻給厭世代的暖心指引書》一起閱讀，以便擴大解釋廣度。

聖杯

正位

	聖杯一	聖杯二	聖杯三	聖杯四
	傾注全力的愛情／豐盛的戀愛／男女特質之間的平衡／循環不息的深刻愛情／可能打動人心	交流想法／真心愉快的深度交流／與搭檔同心協力是成功的祕訣／平衡的關係／兩情相悅	與夥伴度過愉快的時光／慶祝活動／餐會或線上交流／幸福的環境／同好會或興趣上的邂逅或戀情發展	正視眼前的事物／尋找愛的信號／最好聽取旁人建議／突破現狀／新的目標／有解決辦法
聖杯五	聖杯六	聖杯七	聖杯八	聖杯九
失落感／馬上將迎來希望／再互相溝通／留意轉換方向／暫時絕望／鑽牛角尖	面對過去／回想／為了現在而存在的事物／重要答案／同學會或本地的邂逅／過去的資料有提示	想做的事太多／任務管理很重要／超出負荷／踏實練習能提升成績／循序漸進的學習是關鍵	劃清界線／前往全新境界的時刻／出發、移動／跨出一步／新的關係／發現真正的願望	努力開花結果並達成目標／幸運事件／最佳狀態／生活充實／告白、邀約／新對象／合格或錄取
聖杯十	聖杯侍者	聖杯騎士	聖杯王后	聖杯國王
重要的人／幸福的家人／結婚／與對方家人密切接觸／滿足心靈／長長久久的幸福／圓滿／解決	靈活的適應力和想像力／新點子／受歡迎／與年紀小的對象邂逅或發展／備受期待的新人／好品味	善於溝通／細心機靈／很深情／穩重體貼的對象／彬彬有禮的追求／傳播資訊的領域	慈悲之愛／感受力豐富／奉獻之愛／善於看透人的本質／令人放心的戀情／在神秘學、心理學方面有好發展	深刻的愛情／值得信任的人物／重要的人／盡情示愛／主管或前輩稱讚／寬容的對象／心胸寬大

逆位

	聖杯一	聖杯二	聖杯三	聖杯四
	別受周圍影響／眺望景色來轉換心情／須要仔細檢查／沒自信／匱乏感／孤獨感	溝通很重要／改變現狀的大好時機／必須要對話／彼此交流意見／多接觸不同領域	誠實說出想法／決定相信就不會有背叛／兩人單獨談談／找個平靜的地方專心工作／注重個體性	重新出發／想到好主意／擺脫煩惱／事情愈來愈順利／不再欲求不滿／跳脫一成不變／醒悟
聖杯五	聖杯六	聖杯七	聖杯八	聖杯九
繞遠路才能有發現／鼓起勇氣抓住／新關係／新進展／其他方面遇上好機會／請留意徵兆	無法忘懷的過去記憶／一生都忘不了的戀情／別在意從前犯的錯／過去痛苦的經驗是寶物／逃避現實	覺察真心期望的事／採取實際行動的時刻／過往的想像是提示／客觀審視對方／效率提升	認真思考的時刻／請內觀反省／希望維持感情／原地踏步／遇到困境也無需悲觀／無法放下	沒自信／好好接受負面情緒／不安時請好好照顧心理健康／比起物質生活更該留意精神狀態／小心浪費／回歸原點
聖杯十	聖杯侍者	聖杯騎士	聖杯王后	聖杯國王
家庭創傷／家庭問題／不安時先休養／重新檢視環境／不信任他人／體貼他人	不成熟／難得的學習機會／多吸收知識／撒嬌／跟後輩溝通很重要／請言出必行／想獨立	別優柔寡斷／誠實面對心情／對方態度軟弱／避免誤傳消息／小心措辭／立定理想	深信不疑且無法自拔／先包容並讓頭腦休息／感受力和包容力很重要／內心封閉／請注重休息／個性內向	注意自我犧牲／停下腳步放鬆／冷淡笨拙對象／柔軟的表現／太溫柔／沒自信

寶劍

正位

寶劍一	寶劍二	寶劍三	寶劍四
知識和正確的判斷力／堅強的意志力／沉著冷靜／可以直接表達想法／不會意氣用事／頭腦清晰	保持平衡／觀察審視的好時機／冥想／想想對兩人重要的事／先做好萬全準備／內觀	正深陷痛苦／疲憊不已／想哭時盡情大哭／請先安穩過日子／有壓力	充電期／伺機而動／需要休息的時期／再堅持一下就會迅速發展／必須自我療癒／從過去的創傷中恢復

寶劍五	寶劍六	寶劍七	寶劍八	寶劍九
可能有點自私／重新調整方法／從不同觀點尋找／計畫性／思考未來／需要內觀自省	踏上全新旅途的時刻／移動、搬遷／新世界／新的邂逅／因轉職或人事異動而獲得高升／環境變化／新風格	行動背後的真實企圖／探究本質／討價還價／警惕甜言蜜語／頭腦聰明／觀望情況	無法行動／忍受現狀／強烈的控制欲／嚴厲的限制／小心過度加班或過分苦讀／渴望解脫	惡夢／慢慢緩和／被害妄想／擔心再次犯錯／對未來不安／別太鑽牛角尖／不信任他人／深刻創傷

寶劍十	寶劍侍者	寶劍騎士	寶劍王后	寶劍國王
戰鬥已結束／好好休息／最後一搏後好好休養身體／問題將解決／承受壓力	善於收集訊息／冷靜／準備齊全／謹慎窺探對方態度／適合擔任研究職務、企畫提案人／善於周旋	迅速行動／勇敢／速度感／正確判斷／輕而易舉突破理想領域／合理迅速／有計畫的行動	深思熟慮／掌握事情主幹／優秀又有包容性／有邏輯／有未來性的對話／有機會受到女性上級賞識	貫徹信念與正義的領導／備受信賴／堅定不移的強大意志／邁返知性的強硬對象／重理論／理性

逆位

寶劍一	寶劍二	寶劍三	寶劍四
小心選擇措辭／暫時冷靜會找到解決方法／做出錯誤判斷時要找人討論／迷惘／決斷力不足	答案出現的時刻／收到期盼已久的解答／曖昧關係大有進展／耽擱的企畫有望重啟／說不出真心話	走出悲傷／從辦得到的事開始慢慢處理／克服過去的感情創傷／黎明將至／成長預兆／東山再起	再次採取行動的時刻／恢復體力和精力／做好準備／有聯絡／從緊湊行程中解脫

寶劍五	寶劍六	寶劍七	寶劍八	寶劍九
在迷失方向時求助於人／重新檢討的機會／反省會是重新檢討的好時機／不信任他人／發現維持良好關係的線索	對行動感到不安／迷惘、擔心害怕／繼續思念／從辦得到的事開始挑戰／沒有勇氣也不用著急	誠實應對／覺醒的狀態／說明書沒用／坦率追求／正視問題將有收穫	得到自由／擺脫束縛／救援終於到來／看見希望／抉擇的時刻／有安全感的戀愛／付諸行動	擺脫痛苦／睡眠不足獲得改善／恢復幹勁／心情豁然開朗／解開誤會／煩惱消失／看清現況

寶劍十	寶劍侍者	寶劍騎士	寶劍王后	寶劍國王
再次出發／走出低谷／看見希望／已結束的事物出現進展／新企畫／光明的未來／情況改善	盡早掌握先機／小心計畫失敗／慢熟的對象／盡早提案／小心誤會／請跨出第一步	衝動魯莽／縝密籌劃／不要著急並從能做的事開始／對方態度強硬要提醒／留意遣詞用字／重視關懷	高嶺之花／難以親近的人物／難以察覺／打招呼留下好印象／神經過敏時可來杯熱飲	性格強勢／獨裁者特質／本質上受人信任／意見交流／觀察四周／避免態度威壓

錢 幣

正位	錢幣一	錢幣二	錢幣三	錢幣四
	有形的財富／必需品／邁出下一步／實用的禮物／和努力相應的結果、報酬／戀情開始	妥善安排／保持平衡／與具協調性、能兼顧者有進展／在兩個不同領域得心應手／調整中	各自發揮所長／與周圍人相互了解／職場或團體發展出的戀情／合作／共同工作／計畫成功	強烈佔有慾／保持現狀／保守態度／過分強烈的執著／收入或地位穩定的對象／不動產相關的或投資
	錢幣五	錢幣六	錢幣七	錢幣八	錢幣九
	幽暗彼方必有一束光明／不用勉強／初出茅廬或實習中的對象／遇到瓶頸時重新思考／注重健康管理	正當的關係／相互循環的關係／合理的評價或薪資／平等／供需平衡／施與受	因循苟且的狀態／過去的經驗或資料有線索／改變視角／重新審視計畫／來場與以往不同的約會／新方案	全神貫注地處理／努力／磨練技術與經驗／誠實展現自我為佳／技術性職業或匠人／大器晚成／誠實的對象	美好的環境／受周圍人寵愛／揮才能與魅力／受邀吃飯／受到上級的喜愛／金龜婿
	錢幣十	錢幣侍者	錢幣騎士	錢幣王后	錢幣國王
	成功、繁榮／繼承遺產／技術上的傳承／家人或親戚介紹對象／雀任要職／長久關係／兩情相悅	熱衷學習／踏實／大有可為／備受期待的新人／受到年紀小且動奮的人青睞／踏實研究必有成果／點子豐富／努力	穩妥、確實／認真的對象／穩扎穩打很重要／遵守約定／追求穩定／止確性比速度重要／努力的人物／信賴	性格非常仁慈／重視家庭／呵護備至／可靠之人／教育相關工作／以結婚為前提的交往／賢妻良母／具創造力	坐擁財富與權力的成功人士／卓越的商業頭腦／安穩的生活／與年長者或富豪相戀／經營者、自營業的才能

逆位	錢幣一	錢幣二	錢幣三	錢幣四
	不完整的狀態／少了些什麼／再次確認有無失誤／可能有不足／擔憂金錢問題／離成功只差一步／再次觀察	偏離重心／失去目標／重新檢視狀況／客觀審視能找到解方／出遠門透透氣／不穩定／偏頗	互相傳達心情／意見交流／協調能力很重要／兩人一起解決難題／落實報告、連絡、商量／避免獨來獨往／未完成	執著的心情／佔有慾過強／留意咄咄逼人的態度／慾望無窮／擔心被奪走／太保守
	錢幣五	錢幣六	錢幣七	錢幣八	錢幣九
	看見希望／貧困仍願意陪伴的關係／擺脫收入或成績低谷／重新出發的時機／需要協助	不平等／不公平的對待／無法接受／缺乏公平性／小心浪費／小心太偏激	半途而廢／留意堅持執行／恐中途放棄／必須修正軌道／全盤托出／善用才華	欠缺集中力／轉換心情／需學習技術／不要著急並多練習／聆聽愛歌曲提升動力／簡單作業	心存感恩／不滿於現狀／高嶺之花／多向周圍人打招呼／避免傲慢／試著打開眼界
	錢幣十	錢幣侍者	錢幣騎士	錢幣王后	錢幣國王
	家庭問題／花時間解決／遺產問題／繼承問題要諮詢專家／對未來不安／小心浪費	夢想家／慢熟對象／重視行動／幼稚的戀愛／請腳踏實地／擴展眼界／想法偏激	太保守／按自己步調行動／被動又慢熟／再多重視速度／太固執／可望進展	不諳世事／不擅長家務感到消極時請轉換心情／請拓展視野／明哲保身／不擅長的事也試著積極應對	欠缺金錢觀念／接觸滿足心靈的事物／愉快的小資約會／留意經費和預算的評估／有點自私

結語

辛苦了，

首先非常感謝各位讀到這裡。

在讀完本書的現在，
各位可以試著坦率地接受心中此刻真實的感受。

無論是什麼感想或心情，
那份情感都沒有「好、壞」之分。

如果您願意，希望能告訴我們您「最真實的想法」!

人生總比想像中的要艱難、辛苦，也有很多想哭的時候吧。

就算好不容易跨過一個困難，前方仍會不斷遇到新的阻礙，
有時也有令人束手無策……

又或是好想要消失的日子。

然而，您就是這麼認真地在面對問題，
每天拼命努力到了現在不是嗎？

當遇到無法認可自己，
或無法溫柔對待自己的時候，

建議各位可以嘗試接觸一下塔羅牌。

不管是直接觸摸或透過螢幕觀看都行。

牌卡一定會悄悄把答案告訴如此努力奮鬥的您。

希望各位能把這本書藏在心底，當成面對這種情況時的護身符。
衷心期盼各位有朝一日都能活出自我。

這本書會一直在您身旁守候！

杏花栗子

杏花栗子　個人檔案

一位占卜師，為破除占卜可怕又可疑的印象，因而致力從事於各種活動。從默默無名開始經營
YouTube 到 10 萬人訂閱僅花了短短半年，現在訂閱人數已突破 25 萬人。她的占卜解牌具有一
貫獨特風格，運用原創角色營造流行又平易近人的氛圍，但也不忘追根究柢。此外她亦有從事
各類活動，例如在雜誌、書籍、網頁等各類媒體平台上，撰寫或監修占卜類的文章等。

杏花栗子 YouTube 頻道	杏花栗子 官方沙龍 （あんずまろんさろん）	杏花栗子 官方 Twitter	杏花栗子 官方 Instagram

staff

Publisher／松下大介
Editor in chief／笹岡政宏
Editor／コジマアイ
Editorial cooperation／モンブランプランニング
Binding／竹内真太郎(株式会社スパロウ)
Design／東田あゆみ・松田朱音・松林愛
　　　　(株式会社ロイヤルソフトセンター)
Illustrator／宮本和紗
Character designer／堀越有紗
　　　　　　　(Instagram：@_arisahorikoshi_)
Cover illustrator／ひぬお(Twitter：@tnakamii)
Tarot card making／村井美紀
Tarot card illustrator／竹中里奈

關於本書中使用的塔羅牌組

本書使用的《在您創造的世界裡獨一無二的塔羅牌》是由村井美紀發想，並委由插畫家竹中里奈繪製。為方便新手也能輕鬆解牌，排版上採特殊設計，實際上下的空白處比書中顯示的更多。紙質也採用道林紙，使用者可直接在空白處用鉛筆書寫，再用橡皮擦擦掉，這樣就算是「還沒有記住牌意」的人，光看牌也能進行簡單占卜。

撫慰受傷的心靈
體貼不傷人的溫柔塔羅占卜

出版 楓樹林出版事業有限公司
地址 新北市板橋區信義路163巷3號10樓
郵政劃撥 19907596　楓書坊文化出版社
網址 www.maplebook.com.tw
電話 02-2957-6096
傳真 02-2957-6435
作者 杏花栗子
翻譯 林芷柔、洪薇
責任編輯 吳婕妤
內文排版 楊亞容
港澳經銷 泛華發行代理有限公司
定價 420元
初版日期 2024年6月

國家圖書館出版品預行編目資料

撫慰受傷的心靈：體貼不傷人的溫柔塔羅占卜 /
杏花栗子作；林芷柔, 洪薇譯. -- 初版. -- 新北市：
楓樹林出版事業有限公司, 2024.06　面；公分
　ISBN 978-626-7394-79-3（平裝）

1. 占卜

292.96　　　　　　　　　　　　　113005916